寻迹大运河
苏州

华古团队 编著

江苏凤凰科学技术出版社·南京

图书在版编目（CIP）数据

寻迹大运河. 苏州 / 华古团队编著. -- 南京 : 江苏凤凰科学技术出版社，2025. 6. -- ISBN 978-7-5713-4879-3

Ⅰ. K928.9

中国国家版本馆 CIP 数据核字第 20251T4M71 号

寻迹大运河·苏州

编　　著	华古团队
责任编辑	丁振超　沈远鑫
责任设计编辑	孙达铭
责任校对	罗章莉
责任监制	刘文洋
出版发行	江苏凤凰科学技术出版社
出版社地址	南京市湖南路1号A楼，邮编：210009
制　　版	南京紫藤制版印务中心
印　　刷	南京新洲印刷有限公司
开　　本	889 mm × 1 240 mm　1/32
印　　张	9.75
字　　数	150 000
版　　次	2025年6月第1版
印　　次	2025年6月第1次印刷
标准书号	ISBN 978-7-5713-4879-3
定　　价	88.00元

前言

“君到姑苏见，人家尽枕河。古宫闲地少，水港小桥多”。苏州位于长江三角洲和太湖平原的核心区域，迄今已有2500多年的建城史，是我国最古老的城市之一，也是江南吴文化的主要发祥地。

苏州城的建立和繁荣，与运河的开凿和使用密不可分。公元前515年，阖闾成为吴国君主。当时的吴国经过几代人的努力，国力日益强盛，但都城梅里（今无锡市滨湖区梅村镇一带）城池过小，且地势低洼。为了谋求争霸大业，阖闾命伍子胥主持修筑阖闾大城（苏州古城前身）。伍子胥“相土尝水，象天法地”，充分考虑江南水乡的特点，令城河紧密结合，城内街衢宽广。建成后，苏州城内河道纵横，四通八达，成为吴国的新都城。

公元前506年，吴王阖闾为了伐楚，命伍子胥兴工督役，开凿了一条起于苏州胥门，西通太湖，经宜兴、溧阳至芜湖以达长江的运道，大大缩短了吴楚之间的水路里程。公元前495年，吴王夫差为了北上伐齐，疏浚和拓展了苏州向西北经常州北境通长江的水道。同一时期，苏州向南已有一条水运通道百尺渎，用于运送越国的粮食补给吴国。在《史记·河渠书》中，有“于吴，则通渠三江五湖”的记载，可见在秦汉时期，吴地的水运交通已十分发达。

早期的运河开凿，虽然主要是为了军事征战的目的，但对于商贸和农业也发挥了巨大的作用。隋唐以后，随着全国性大运河的贯通，苏州等江南地区的稻米、丝绸及其他重要物资，通过运河源源不断地输送到王朝都城，大运河的漕运成为王朝依赖的“经济命脉”，也是维系国家统一的重要因素。大运河推动了苏州地区经济和文化的发展，不仅涵养了苏州的水城风貌和名扬天下的古典园林，也孕育了浒墅关、枫桥、松陵、平望、盛泽等繁华市镇，这些独具魅力的水乡小镇分布在苏州城区周围，犹如众星拱月一般。

苏州作为大运河的重要节点，因河而生，因河而兴，成为江南地区的经济、文化中心，大运河对于苏州的发展起到了至关重要的作用，为2500多年来苏州的持续繁荣奠定了坚实的基础。

2014年6月，中国大运河申遗成功。苏州的山塘河、上塘河、胥江、环城河4条河段，以及盘门、山塘河历史文化街区、虎丘云岩寺塔、平江历史文化街区、全晋会馆、宝带桥、吴江古纤道7个遗产点一并列入《世界遗产名录》。值得一提的是，苏州还是大运河沿线唯一以“古城”概念申遗的城市。

大运河苏州段历史悠久，最古老的运河是开凿于公元前6世纪吴王阖闾时期的环城河，吴王夫差时期又开凿了古城西北通往长江的一段运河（包括上塘河）。唐宝历年间，白居易主政苏州期间，在上塘河以北开辟了山塘河，作为一条重要的入城水道。至此，苏州基本形成了北以山塘、上塘两条河流在阊门汇合，环古城在东南角至吴江的航道格局，一直延续到19世纪。清代晚期，由于阊门码头附近的船只数量猛增，原有航道运力不足，官府对运河航道进行了调整，利用枫桥到彩云塘和胥江的水道，可使过往的船只避开繁忙的阊门段河道，从胥门附近进入环城河。

1986年，为了适应现代航道发展的需要，苏州市再次整修运河，航道在横塘向南再折向东，经新郭镇北侧、五龙桥南侧进入澹台湖，至宝带桥北堍100余米处，与大运河主航道汇合。这样的设置，既提升了运河航运载荷，也令主航道避开了苏州古城区，大大降低了噪音和水质污染，同时也有利于沿岸吴门桥、灭渡桥等文物的保护。

时至今日，大运河苏州段北和无锡交界，始于望亭，南达浒墅、枫桥、横塘，经石湖北向东至澹台湖，继而向南过宝带桥进入吴江，在平望与太浦河交汇，最后向南分东西两条航道进入浙江嘉兴。

从2500多年前运河的开凿开始，苏州这座城市经过不断开拓与生息，经历了风雨沧桑，谱写了瑰丽动人的华彩篇章。用“物华天宝，地灵人杰”来形容苏州再恰当不过，但究其“物华”和“地灵”之源，则还是与运河密不可分。千百年来，运河之水源源不断，往来舟船川流不息，苏州城与大运河相生相伴，河绕城转，城因河兴。

苏州与大运河相关的文化遗产众多，其中具有突出价值的有：唐代以来就是大运河航道之一的山塘河及其历史文化街区，大运河苏州段地标性建筑虎

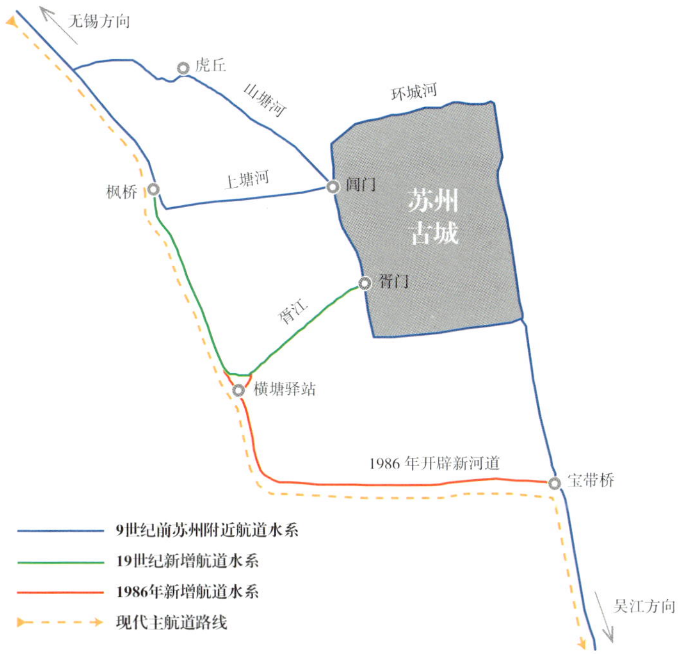

大运河苏州段航道水系历史变迁示意图

丘云岩寺塔，连通内外城水系的盘门水陆城门，保留“水陆并行，河街相邻”双棋盘格局的平江历史文化街区，见证古代南北经济文化交流的全晋会馆，集水利、交通、景观于一体的古代桥梁杰作宝带桥，被誉为“水中长城”的吴江古纤道，以及由运河滋养而生的众多水乡古镇。

本书以运河为视角，结合苏州古城的悠久历史，设置“逛平江，游览水韵苏州”“环古城，寻觅城门遗迹”“游山塘，感受姑苏繁华”“循故道，穿越漕运千秋”“走新河，遍赏湖光山色”“览吴江，领略水工智慧”“访古镇，探寻枕水人家”七个章节。每个章节以重要的文物古迹为主要内容，聚焦于文物相关的历史及看点，让读者通过“寻迹大运河”走进苏州，领略这座古城的千年文脉。

行前总览 / 1

目录

行前总览

一、七大主题河段及游览关键词

内城河：三横四直

环城河：水陆萦回

山塘河：市井繁华

大运河故道：漕运遗迹

大运河新道：湖光山色

大运河吴江段（北）：水工遗存

大运河吴江段（南）：水乡古镇

博01）苏州博物馆（本馆）

博02）苏州博物馆（西馆）

博03）苏州碑刻博物馆

博04）苏州御窑金砖博物馆

博05）吴文化博物馆

01）浒墅关
02）云岩寺塔
03）七里山塘
04）平江古巷
05）耦园
06）盘门
07）枫桥
08）横塘驿站
09）宝带桥
10）吴江古纤道
11）平望古镇
12）震泽古镇
苏州古城
博01
博02
博03
博04
博05
同里古镇
黎里古镇
平望古镇
震泽古镇
盛泽古镇

二、推荐12处文旅目的地

从运河视角阅读苏州

01）漕运春秋——浒墅关

浒墅关简称浒关，是大运河苏州段北边的重要门户。这里曾是大运河上的七大钞关之一，如今钞关的遗迹虽已不在，但横跨运河的浒关南北二桥仿佛传承着钞关的历史。

浒关镇运河旁现有大有蚕种厂改造而成的文化街区，以及永新蚕种厂、苏州蚕桑专科学校旧址。

02）千年航标——云岩寺塔

千百年来，虎丘山上的云岩寺塔既是苏州的标志，也是大运河苏州段最重要的航标。

北宋大文豪苏轼曾说，来苏州不到虎丘乃憾事也，想必他一定登过这座建于五代时期的古塔。如今，到虎丘游览，不妨到这座千年古塔下绕行三圈，既能欣赏古建之美，又可以祈福许愿。

03）枕河人家——七里山塘

1200多年前，唐代大诗人白居易曾任苏州刺史，他在主政期间开凿了西起虎丘、东至阊门的山塘河，并在河北岸修建道路，称为“山塘街”，又名“白公堤”。

品味山塘有徒步和乘船两种方式，如此既可以深入感受山塘的繁华与风情，又可以体会古人“七里山塘七里船，船船笙笛夜喧天”的意境。

04 ）河街相邻——平江古巷

平江历史文化街区位于苏州古城的东北角，这里基本上保存了宋代平江府“水陆并行，河街相邻”的双棋盘格局，是苏州古城的缩影。

在街区内，不仅可以漫步于粉墙黛瓦的古巷间，也可以泛舟穿梭于内河之上。这里既有各式各样的博物馆，还有形形色色的文创商店，累了就在河岸的茶馆中小憩，一边品茗一边欣赏苏州评弹。

05 ）河生佳偶——耦园

耦园位于平江历史文化街区最东端，是一座三面临河的园林。耦园东墙下现存一个水口，将园内受月池之水与内城河相通，这样的水口是苏州园林的一个孤例。

耦园的“耦”通“偶”，寓意佳偶之意，因此耦园也被誉为“爱情的园林”。

06）水陆城门——盘门

盘门是苏州古城中现存最为完好的水陆城门，是苏州古城的标志。盘门有一座外瓮城，建有陆门和水门各两重，其中水门沟通了古城内外水系，人员货物可以由大运河到环城河，再从盘门水门进入内城河。

盘门外的环城河上横跨着一座巨型单孔石桥吴门桥，盘门内还有一座瑞光塔，这三处被称为“盘门三景”，是大运河苏州段的著名景点。

07）江枫渔火——枫桥

唐代诗人张继的《枫桥夜泊》是一首耳熟能详的古诗，枫桥和寒山寺也因此成为苏州旅游的热门目的地之一。枫桥景区还有铁铃关、江村桥、惊鸿渡等景点。

20 世纪 50 年代，在枫桥横跨的古运河河道西边，开辟了大运河新航道。如今，南来北往的货船不再经过这座见证了漕运繁华的古桥，只有游船不时穿梭而过。

08）横塘烟雨——横塘驿站

横塘驿站是我国现存的几座重要驿站遗址之一，位于大运河与胥江交汇处，为一座水陆驿站，原有的馆驿建筑群现仅存驿亭一座。

驿亭前有一座“彩云桥”横跨在胥江之上，这座古桥原本坐落于京杭运河之上，后因河道拓宽移建至此，方位也发生了改变。

09）宝带卧虹——宝带桥

宝带桥位于澹台湖和大运河交界处，是一座兼具纤道作用的长桥，外观形似宝带，又因王仲舒捐宝带建桥的事迹而得名。宝带桥长 316 米，有 53 孔，是苏州现存孔数最多、长度最长的连拱式古桥。宝带桥始建于唐，历经后世千年不断的重修和维护，宝带桥得以完整地保存下来。

宝带桥所在的澹台湖景区为市民公园，在桥南数百米外还建有吴文化博物馆，值得一去。

10）水中长城——吴江古纤道

纤道是古代为了方便往来拉船的纤夫背纤而铺设的道路，是大运河水工的重要辅助设施。

古时候从苏州赤门南到嘉兴百余里建有塘路，即沿河道路。吴江古纤道是塘路的一部分，自吴江县城南关三里桥至彻浦桥，长约九里，为石质砌筑，被称为“九里石塘”，犹如“水中长城”。

如今，九里石塘仅存1000多米，其所在区域被辟为运河古纤道公园，为市民漫步于运河畔提供了好去处。

11）四水汇聚——平望古镇

平望位于吴江南部，为苏（州）嘉（兴）湖（州）沪（上海）四地水陆交通枢纽，早在唐代此处就设有驿站，名平望驿。

大运河与太浦河在平望十字交汇，頔塘运河自西流淌至此，形成了新运河、老运河、太浦河、頔塘运河四水汇聚的独特地理格局。在清代，这里千艘百舸，远近毕集，人烟稠密，被誉为“小长安”。

12）頔塘东望——震泽古镇

震泽古镇历史悠久，传说上古时期大禹就来过这里，到了明清时期，这里发展成为桑蚕业种植与缫丝中心，乾隆皇帝下江南也曾夜游震泽。

震泽古镇保存十分完整，古頔塘河沿岸形成“一河两街”平行的格局。漫步于河岸古街之上，粉墙黛瓦的河房，横跨运河的禹迹桥，余晖笼罩的慈云寺塔，水乡古镇的美景，让人驻足流连。

三、推荐5座博物馆

从博物馆了解苏州和大运河

01）苏州博物馆（本馆）

苏州博物馆成立于1960年，是地方综合类博物馆，也是苏州文物收藏、保护、研究、展示、教育的中心。苏州博物馆目前有本馆和西馆两个场馆。

苏州博物馆本馆位于姑苏区东北街204号，由著名建筑设计师贝聿铭设计，2006年开馆。本馆设有“吴地遗珍”“吴塔国宝”“吴中风雅”“吴门书画”四个基本陈列。

02）苏州博物馆（西馆）

苏州博物馆西馆位于高新区长江路399号，展陈面积13000多平方米，2021年9月开馆。西馆设有通史陈列馆、苏作工艺馆、多媒体展示馆等多个展区，从文化艺术、苏作技艺、苏式生活等多个方面展示吴地的悠久历史和特色工艺。

西馆二楼建有“国际合作馆”，以世界文明史为主线，通过与世界知名博物馆合作举办展览，为观众提供“足不出苏即可观世界”的参观体验。

Tips：

- 本馆的推荐看点：一是场馆建筑本身，二是“吴塔国宝”展厅中陈列的瑞光塔和虎丘云岩寺塔出土的文物，其中就有被称为“瓷中瑰宝”的五代秘色瓷莲花碗。
- 西馆的一大看点是苏州通史陈列展览，可将数千年的苏州历史尽收眼底。

03）苏州碑刻博物馆

苏州碑刻博物馆是专门收藏、研究、陈列和复制古代碑刻的专业性博物馆，博物馆馆舍在姑苏区人民路 613 号的苏州文庙府学内。

苏州碑刻博物馆设有“四大宋碑陈列”“大成殿孔子文化陈列”“清代苏州工商经济碑刻陈列”“古代书法碑刻陈列”“明伦堂范仲淹与府学陈列”“儒学碑刻陈列”“古代农业经济碑刻陈列”“现代书法碑刻陈列”“德善书院陈列”“清风堂廉石文化陈列”十大基本陈列。

所谓“四大宋碑”，即《平江图》《天文图》《地理图》《帝王绍运图》碑刻。其中，《平江图》为南宋平江府城市平面图，是我国现存历史最久远、内容最完整的城市平面图。

04）苏州御窑金砖博物馆

苏州御窑金砖博物馆位于相城区阳澄湖西路 95 号，是首家以展示“御窑金砖”为主题的博物馆。博物馆通过“开物：一块砖的修炼”“成器：一块砖的旅程”“致用：一块砖的时代”三大部分，展现了金砖制作、运输、使用的全过程。遗址区域有多座不同时代的窑址，其中一座明代的“陆慕御窑址”，被列为江苏省文物保护单位。

陆慕原名陆墓，因唐代宰相陆贽的墓地在此镇，故名。陆慕在元和塘旁，这里是太湖流域阳澄淀泖区，良好的原材料和便利的运输，让这里成为历代金砖烧制的重要地点。

明清两代，陆慕烧制的金砖通过大运河运送到北京，是大型皇家建筑最高等级的铺地材料。

Tips：

- 该馆设有文创互动区，可以自己制作一块小金砖。

05）吴文化博物馆

吴文化博物馆位于吴中区澹台街9号，是一座全面展示吴地文化的特色博物馆。该馆一楼为临时展厅和教育活动场所，二楼为常设展厅，常规陈列有“考古探吴中”与“风雅颂吴中”。其中，“考古探吴中”是以“吴地文化一万年”为主线，对学术意义的“吴文化”及“吴地文化”进行相对全面的解读；“风雅颂吴中”则分为“吴风”“吴雅”“吴颂”三个部分。

Tips：

- 该馆二楼的“考古探吴中”展览是了解吴文化的一个重要窗口。
- 该馆北面数百米外就是大运河苏州段的标志性建筑——宝带桥，在场馆二楼即可远眺大运河和宝带桥。

逛平江，游览水韵苏州

君到姑苏见，人家尽枕河。
古宫闲地少，水港小桥多。
夜市卖菱藕，春船载绮罗。
遥知未眠月，乡思在渔歌。

——唐·杜荀鹤《送人游吴》

说起姑苏，说起江南水乡，很多人会想到这首诗，而在苏州城里，要找一处最契合这首诗描写景致的地方，莫过于平江路。

苏州是一座有2500多年建城史的古城，在历史上，它曾经有许多称呼，姑苏、长洲、茂苑、吴中、吴都……其中有250多年的时间，被称为平江。

北宋政和三年（1113）正月，敕升苏州为平江府。元至元十二年（1275），以苏州为平江路治所。直到至正二十七年（1367），朱元璋攻克平江之后，才将其改设为苏州府。

南宋绍定二年(1229),郡守李寿朋主持所刻的平江府城平面图碑(简称《平江图》），是现存最古老的苏州城市地图，也是流传下来的宋代城市图中最详密的一幅，为今人生动记录了苏州古城的前世风华。难能可贵的是，如今的苏州古城格局，与南宋时的平江府相差无几。

对照南宋《平江图》及明末《苏州府城内水道总图》，平江路基本延续了唐宋以来的城坊格局，是苏州古城保存最为完整的一个区域，堪称古城缩影。沿路形成的平江历史文化街区，沧海桑田的岁月变迁，并没有在这里留下太多的印迹，她依然是800多年前的她，华美而不事雕饰，庄重而不失俏丽。

平江路南起干将路东段苑桥，北接华阳桥，与东北街和百家巷相通，长约1600米，以“水陆并行，河街相邻” 的双棋盘格局特色著称。平江路西侧的平江河，作为苏州的第四直河，南自葑门十全河起，北至东、西北街河，是苏州城内最古老的河道之一。依托纵横交错的河道，明清时期，这里成为重要的粮食仓储中心，以及漕运起运地和集散地。

平江路一带，自明清至近代，一直是苏州有名的诗礼世家、文人雅士的汇聚之所，耦园、潘宅是其中的代表。还有坐落于此的全晋会馆（中国昆曲博物馆馆舍），曾为苏州商贸繁荣的见证，如今是一处集历史、艺术、园林景观于一体的胜迹。

说到苏州，怎么能不提苏州园林？不入园林，怎知苏州人的风雅之致？苏州古典园林驰名中外，拙政园、狮子林、沧浪亭、留园，被称为苏州“四大名园”，作为苏州园林的代表，被列为世界文化遗产。有些园林在《平江图》上已有反映，如图上称沧浪亭为“韩园”。

苏州园林“讲究亭台轩榭的布局，讲究假山池沼的配合，讲究花草树木的映衬，讲究近景远景的层次”，这是苏州籍著名作家叶圣陶所写的《苏州园林》序中的一段文字，对于我们游览和品鉴苏州园林很有帮助。

值得一提的是，水是苏州园林的灵魂，少了水，园林就少了一种风情和寄托。无园不水，并且往往还是活水。以一池碧水为中心，各种建筑和花木错落有致地分布，可以恰到好处地处理空间尺度。

对于很多老苏州人而言，选一个秋日的午后，微风徐徐，阳光明媚，在平江穿古巷、赏园林、品香茗，惬意地散步或闲谈，是他们最平常的休闲方式。这里有黛瓦粉壁，曲水潺潺；这里有庭院深深，富贵繁盛；这里更有文采风流，诗话悠扬……这是属于苏州人的“小确幸”，也是这座被运河滋养、温润的城市卓荦不凡、出尘之表的地方。

平江路一带重要文化遗产分布示意图

茶

三横四直

“三横四直”是指苏州城内由三条横河和四条直河组成的主河道，它们和大运河相连，让运河之水流淌于苏州城内，再通过众多的支流为苏州城内生产生活提供水源。城内水系可以看成是大运河的延伸，大运河和苏州城之间有着亲密的联系，苏州的百姓和运河之水也有着特殊的情感。因此，说大运河是苏州的母亲河，一点也不为过。

内城水系

文化景观·河道

水绕平江城郭兴，三横四直定乾坤。

苏州文庙展示的《平江图》碑，高 2.76 米，宽 1.48 米，刻于南宋绍定二年（1229），精致地描绘了宋代平江府城（即今苏州城）的布局状况，包括河流、城墙、官府、寺观等各种建筑和名胜古迹。

《平江图》上刻画了苏州城内三条横河和四条直河组成的主河道及其他支河总计 78 条，河道长约 82 千米，上有桥梁 314 座。“三横四直”的说法最早见于同一时期的宋人文献，经过数百年的变迁，延续至今，格局依旧。

除了《平江图》之外，在明后期的《苏州府水道总图》和清嘉庆二年（1797）江苏巡抚费淳主持绘制的《苏郡城河三横四直图》中也清晰绘制了“三横四直”的河道。《苏郡城河三横四直图》碑现存于苏州城隍庙工字殿西北面外墙上。从《平江图》到《苏郡城河三横四直图》，再到 1914 年《新测苏州城厢明细全图》，“三横四直”的主河道起始点虽存在一些变化，但大体走向不变。

第一横河，自阊门水关桥向东，经至德桥、张广桥等至南过军桥，又自水关桥向北经西仓桥至尚义桥，后折东经报恩寺香花桥、临顿桥等至娄门。报恩寺塔、拙政园、狮子林等都分布于第一横河南北。

第二横河，西起吴县学前渡子桥，东行至芮桥，穿过第二直河，又东至乘鱼桥、马津桥、顾庭桥（清代误为过林桥）等，汇第三、第四直河之水，从相门流出。畅园、玄妙观、罗汉院双塔等分布在第二横河南北。

第三横河，从歌熏桥起，东行至西馆桥南，穿过第二直河，又东至夏侯桥，与北来竹隔桥下第二横河支流一道，合而东行，直至迎葑桥，合第四直河之水，从盛家带迤南出葑门。如今第三横河东段已经被填平，江苏按察使署旧址、天香小筑等分布在第三横河南北。

第一直河，北起皋桥，径直南下，经昇平桥、歌薰桥，后稍东至盘门水关。

第二直河，自单家桥起，经西馆桥、三板桥等过查家桥后，西行至杉渎桥转南再西行至新桥，与第一直河之水合流。

第三直河，自齐门赌带桥起南行，经跨塘桥、任蒋桥过顾家桥稍西行，与第二横河之水合流后南行接竹隔桥，至仓桥后南行迤东，经乌鹊桥、砖桥等至葑门水关，与第三横河之水合流。

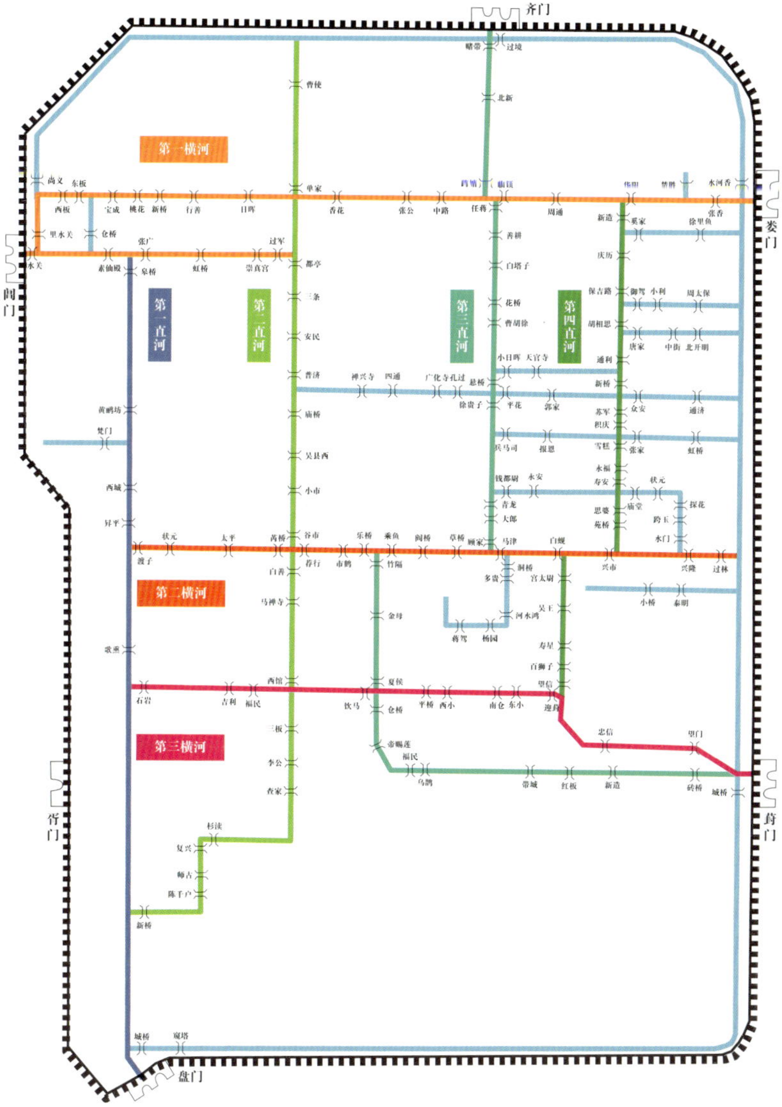

清嘉庆《苏郡城河三横四直图》水道分布示意图

第四直河，北起华阳桥，南行经通利桥、雪糕桥等桥，经过苑桥后西折，过尽市桥后南折经官太尉桥、吴王桥等至望信桥，后东南行汇合第三横河之水出葑门水关。今平江历史文化街区的平江河就是第四直河其中的一段。

如今，随着城市和现代交通的发展，宋代就形成的三横四直河道格局，虽然有的河段进行了一些调整，但总体还是保持原貌。

水陆并行，河街相邻

福

平江古巷

平江河是“三横四直”的第四条直河，也是苏州从宋代至今保存最为完好的一条城内主河道。平江河和平江路“水陆并行”，保留了宋代城市街巷的布局和特点。

平江历史文化街区，是苏州地区具有深厚历史文化底蕴、现存最典型、最完整的历史文化保护区。街区范围如今是市区内最热门的旅游目的地，不仅有众多的文化遗产，而且街边美食、特色店铺、评弹茶座、汉服租赁等应有尽有。

平江路

文化景观·历史文化街区

平江波暖鸳鸯语，两两钓船归极浦。

平江历史文化街区是苏州城内最具历史文化底蕴的地方之一，近千年的城市格局在这里定格，街区的核心以平江路和平江河为南北向轴线，向东西两侧延伸，东到外城河，西到临顿路。街区内有全晋会馆、卫道观前潘宅、耦园、潘世恩宅等文化遗迹。

平江路北起东北街，向南穿白塔东路，南至干将东路，全长1600余米。清道光年间《吴门表隐》有记载：“平江路古名十泉里，有古井十口。”平江路作为道路名称又起于何时呢？从目前的文献来看，在《乾隆长洲县志》中始有记载，至今已有两百余年历史。在平江路的西侧，由南至北分布着九条巷子：建新巷、钮家巷、肖家巷、大儒巷、南显子巷—南古子街、悬桥巷、菉葭巷、曹胡徐巷、东花桥巷，合称为“平江九巷”。这些街巷内高高的垣墙夹着曲折的巷弄，深藏着多少私家宅院，与街市相隔，闹中取静。

中国大运河遗产点——平江历史文化街区

平江河

中张家巷

800 年来，平江河道、街巷、桥梁的位置、格局未变，是水城苏州“水陆并行，河街相邻”的典型区域，有着一巷沿河、二巷夹河、一街一廊夹一河等多种多样的独特布局。

跨过平江河，拐入中张家巷，眼前清澈的河道、幽长的小巷以及古朴典雅的传统建筑相映成趣，充分体现苏州古城“小桥流水人家”的独特风貌。

为了给经济发展提供空间，中张家巷河曾在二十世纪五六十年代，与古城内的其他 20 多条河道一起被填埋。很快人们就发现，这些古城河道是城市排水系统的重要组成部分，少了这些“毛细血管”，内城河道与环古城河纷纷断流，包括平江河在内的许多留存河道也成了“一汪死水”。二十一世纪初，苏州市政府决定对中张家巷河道加以恢复，历时十五年之久。重获新生的中张家巷河成为古城区范围内恢复的第一条河道。

平江路有许多苏州美食值得品尝，既有桂花糕、酒酿丸子、鲜肉月饼、海棠糕、竹筒糍粑等街边美食，也不乏数家经营苏州菜的餐馆，可以品尝到松鼠桂鱼、蟹黄豆腐、酱蹄膀等特色菜肴。另外，这里还有颇具特色的评弹茶座，点上一壶清茶，听上一段苏州特色的评弹小曲，也是十分惬意的。

苏州风味小吃——梅花糕

如今平江路已成为网红打卡地，既是商业化的街区，又保持传统街巷的特色，民居住宅和特色店铺交织在一起，不显违和。整个街巷都保持了“水陆并行，河街相邻”的双棋盘格局以及“小桥流水，粉墙黛瓦”的独特风貌。无论是在平江河乘坐摇橹船，听上艄公一段小曲，还是漫步平江路，享受美食和留下美丽光影，都像是在历史中穿越和行走，传统就在脚下的石板路上，古典就在摇橹荡起的浪花中。

平江路街景

Tips：

- 平江历史文化街区内除了耦园，大多数场馆都是免费开放的。

平江路街景

平江路的由来

北宋初年，朝廷在今苏州设置“平江军”，“军”是宋代的行政名称。

平江一词的来源，按照元代《水利义答录》的解释，是因为“苏州地势低下，与江水平，故曰平江”。

宋徽宗政和三年（1113），“平江军”改称为“平江府”。到了元代，又改称为“平江路”。“路”，是元代的行政区划名称。明太祖吴王元年（1367），改平江路为苏州府。清代乾隆年间，“平江路”开始代表街名，位置和今天的平江路几乎一致。

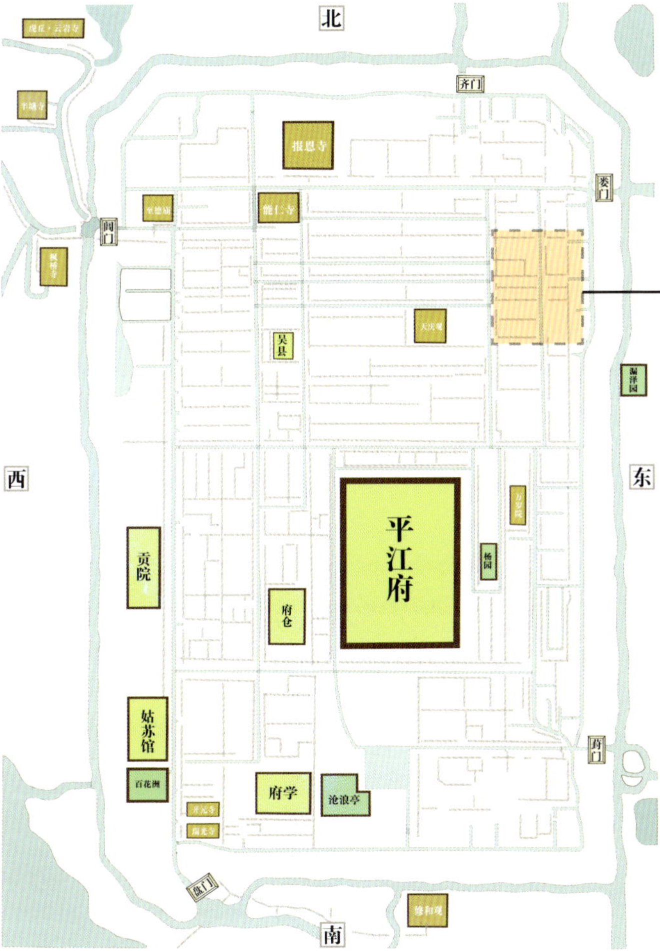

今平江历史文化街区在《平江图》中的大致位置

全晋会馆

文物古迹 · 古建筑

看我非我我看我我也非我，
装谁像谁谁装谁谁就像谁。

全晋会馆位于平江历史文化街区内中张家巷14号，是山西寓苏商人集资建立的商帮会馆，用于旅苏山西商人聚会和商讨事务。会馆始建于清乾隆三十年（1765），原在阊门外山塘街半塘桥畔。咸丰十年（1860）毁于太平军与清军之兵燹，光绪五年（1879）重建于现址。

全晋会馆建筑群坐北朝南，分为中、东、西三路，每路为四到五进院落。中路建筑为主轴，由头门、戏楼、正殿等组成。会馆头门外有栅门，因有大街临河，设河埠码头。原来在河南岸还设置有照墙，墙嵌砖刻“乾坤正气”四字，在20世纪50年代因河道整治被拆除。

头门与驳岸

头门将军门式，面阔三间，进深四界，单檐歇山顶，两侧伸展水磨砖贴面照壁式八字墙。屋顶正脊书写“国泰民安”四个鎏金大字，两侧设脊吻，中脊塑有戏剧人物群像，垂脊下端也各有一戏剧人物灰塑。

照壁左右各饰一圆形团龙砖雕，底部须弥座为石质，束腰上雕刻了“鹿鹤同春”“狮子滚绣球”等纹饰。左右八字照壁后对称建有阁楼式双层方钟鼓楼各一座，山面朝外，形似一对阙台，增加了建筑物的气势。

进入头门则是戏楼，戏楼为两层，底层为仪门，两侧有廊，楼层向北伸出戏台。戏台是全晋会馆最为精美的建筑，单檐歇山顶，双檐飞翘。顶部为灰瓦覆盖，正脊两侧设脊吻，垂脊下端各有一灰塑凤凰，十分传神。

戏台左右檐柱上有一对长联：“看我非我我看我我也非我，装谁像谁谁装谁谁就像谁。”柱上方有一倒立状狮子木雕贴金斜撑，生动活泼。额枋中央有一木质匾额，上书“普天同庆”，枋上雕饰龙凤及戏文图案，左右还各设一垂花花篮，上面各雕刻一组戏文图案，十分精美。额枋上还

屋顶灰塑

照壁砖雕

屋脊灰塑

有斗拱和拱眼壁装饰，多贴金工艺，金碧辉煌。

戏楼藻井

戏台后台有月洞形“太上板”可自由开启，两边分置“出将”“入相”的上下场门。中间穹隆状藻井直径约 4 米，深约 1.3 米，由 324 只黑色蝙蝠浅雕和 306 颗金黄云头圆雕，计 632 个木雕构件榫卯组成 18 条旋转放射状龙形纹饰，堆叠盘旋向上 18 圈，汇聚在穹隆藻井顶端的铜片上，产生余音绕梁的声响效果。

戏台正北台基之上为正殿，设月台，殿面阔五间，本为悬山顶建筑，因 1976 年 1 月失火烧毁，现存单檐歇山顶建筑为 1986 年移原灵鹫寺大殿梁柱构件改筑而成。

正殿、戏台和东西廊庑围合成中庭广场，地坪铺设石板，为古代的露天剧场。此外，建筑群东西两侧还有桂花厅、花篮厅、藏书楼等附属建筑。

1986 年 10 月，全晋会馆作为苏州戏曲博物馆馆舍正式对外开放，辟有昆剧、评弹、苏剧、民族乐器等专题陈列。2003 年 11 月，中国昆曲博物馆又正式在全晋会馆挂牌成立。

如今的全晋会馆作为大运河遗产点免费对外开放，是展示大运河文化和昆曲文化的重要场所。

中国大运河遗产点——全晋会馆

戏楼全景

戏台楹联

Tips：

- 全晋会馆全年免费开放，开放时间 09:00-16:30。

全晋会馆与中张家巷河

潘氏二宅

文物古迹·古建筑

苏城两家潘，占城一大半。

苏州是历史文化名城，具有2500多年的建城史，人们在这里世代繁衍生息，涌现出很多名门望族，清朝时期的“彭、宋、潘、韩”便是其中代表。

苏州的潘氏先有“苏潘”和“徽潘”之说，后又有“贵潘”和“富潘”之称。所谓“苏潘”是根据潘氏祖籍，来自苏州东汇一支，而“徽潘”来自安徽歙县大阜。所谓“贵潘”是以潘世恩为代表的官宦世家，而“富潘”则指苏州卫道观前的潘氏，该家族清代前期以丝绸贸易发家，乾隆年间达到鼎盛，“瑞蚨祥”绸缎庄是其商业品牌。如今，潘氏的后人犹在，留下潘世恩宅和卫道观前潘宅两座宅邸，虽已不完整，但仍能展现当年家族的显赫。

潘世恩宅

潘世恩宅（苏州状元文化博物馆）

潘世恩宅位于平江历史文化街区西南角临顿路钮家巷口，原名留余堂，又称太傅第，是一座建于清中期的官宦人家宅邸。宅邸原有三路六进，后部还有名为凤池园的宅园，但早已废弃，如今仅存三路四进宅邸，被辟为苏州状元文化博物馆，用于展示苏州地区状元文化。

潘世恩（1769—1854），字槐堂，号芝轩，清吴县（今苏州）人。乾隆五十八年（1793）癸丑科状元及第，曾先后任工部、户部、吏部尚书，官至武英殿大学士、军机大臣，加太子太保，晋太傅。咸丰四年（1854）卒，谥文恭。

潘世恩历乾嘉道咸四世，在朝五十余载，官至三公，位极人臣，为清代汉臣中所罕见。潘氏一族高官显宦多，为清代苏州最为显赫的家族，有“祖孙父子叔侄兄弟翰林之家”之誉。

潘世恩宅建筑群正路均面阔三间，自南向北依次为门厅、轿厅、大厅、内厅。门厅明间设六扇墙门，西次间石库门为日常进出便门。正路第三进为大厅纱帽厅，面阔三间约 10 米，进深约 11 米，明间前加抱厦，左右次间后带披厢，平面形似古代官帽，故被称作纱帽厅。

苏州状元文化博物馆展陈

设在潘世恩宅内的苏州状元文化博物馆，是一座全面介绍姑苏状元群体、研究状元文化、展示珍贵状元文物的专题类博物馆。苏州是著名的状元之乡，文史专家李嘉球在其所撰的《苏州状元》一书中按辖区计算，苏州曾出过 45 位文状元、5 位武状元，居全国之冠。

卫道观前潘宅

卫道观前潘宅位于平江历史文化街区中部的卫道观前，北至混堂巷，坐北朝南，五路六进，规模庞大，建筑面积 7000 余平方米，为徽商潘麟兆所建，是清代中期苏州富商宅邸的代表性建筑群。如今，这里一部分被辟为“苏州城建博物馆”，对外展示苏州城建和古建筑再利用成果；一部分

卫道观前路牌

仍然为多户的民宅。

卫道观始建于元初，观前的这条街巷因观而命名为“卫道观前”，如今是平江历史文化街区的核心地带。

潘宅五路建筑中，正路偏西为建筑群的主轴，由南至北依次为门厅、轿厅、大厅及三进楼厅。全宅共有八座砖雕门楼，现中路轿厅、大厅、堂楼前各有一座，保存较为完好，均建于清乾隆五十二年（1787）。轿厅前的门楼额题“居德斯颐”，以蝙蝠、荷叶镶边。

雕花门楼

苏州城建博物馆坐落于潘宅“礼耕堂”内，是一座专题性博物馆，分为“城纪千载”“现代苏城”“城市生长”“城市客厅”“最美窗口”5个主体部分，承载苏州城市记忆，展现苏州城市形象。

卫道观前潘宅与平江河（贺兰鹇鹛 拍摄）

苏州城建博物馆

Tips：

- 潘世恩宅内展出有一块清道光帝书赐潘世恩的“福”字黑底盘龙金书方匾。
- 卫道观前潘宅向东有卫道观，再向东几十米有两口值得一看的古井。

拙政园鸟瞰（苏台栖鸟　拍摄）

苏州园林

苏州古典园林或称苏州园林、苏式园林，是中国古典园林的重要流派，江南园林的重要代表。从宋代《平江图》来看，私家园林大多分布在三横四直的河道畔，与城内水系相通，以得水景之利。到了明清两代，私家园林的兴建也遵循布局于河道附近的基本原则，有道是"假山可为，而假水不可为"。水是苏州园林的灵魂，大运河的水和苏州内城水系相连，滋养着苏州城，也为苏州园林的建造创造了条件，造就了苏州园林的繁盛。

耦园

文物古迹 · 古建筑

耦园住佳耦，城曲筑诗城。

耦园位于平江历史文化街区东部内仓街小新巷6号，东临内城河，与古城墙相望，是一座始建于清初的古典私家园林。

耦园前身为涉园，清雍正年间，曾任四川保宁知府的苏州人陆锦构建于此，又名“小郁林”。陆锦之后，园渐败落，咸丰年间毁于太平天国兵燹，仅存黄石假山遗构。同治十三年（1874），苏松太道道台沈秉成购下涉园旧址，聘画家顾沄规划设计，历时两年，在旧址基础上重建扩建，始成一宅两园格局，并命名为耦园。以“耦”为名是一语双关，既源于《论语 · 微子》“长沮、桀溺耦而耕”，意为两人合力耕作，寓夫妇双双避世偕隐，又指一宅两园的园林布局。民国期间，耦园几易其主。1940年，耦园归常州实业家刘国钧所有，后被无偿捐献给国家。

内城河环绕的耦园

耦园码头

20 世纪 60 年代初，在建筑大师刘敦桢、园林学家陈从周指导下，耦园东花园得以修缮，但直到 20 世纪 90 年代，耦园才作为景区对外开放。

耦园三面环水，坐北朝南，一面临街，南北均建有水埠码头，耦园和内城河水密不可分，在耦园东边还有一水口，将园内受月池的水和内城河水系紧密连接，也是现存苏州园林的孤例。

耦园建筑群分为东、中、西三部分，中部为住宅区，东、西部为花园，耦园的核心庭院在东部。耦园北部背河的楼房建筑与东、中、西三部分之间可以通过走廊和过道相连，这种以一曲贯通三部建筑群的楼廊，俗称“走马楼”，在现存苏州古典园林中亦属唯一。

耦园中部自南向北由门厅、轿厅、主厅、楼厅四进组成。门厅是建筑的入口，也是耦园景区的主入口，南面临河，北侧设有砖雕门楼，枋题额“平泉小隐”。门厅之后为第二进轿厅，是出入府邸的主人、宾客在此停轿、下轿的地方，也是轿夫休息喝茶的地方。穿过轿厅便是第三进主厅，堂名“载酒堂”，是园主人宴请宾客或举行大型礼仪活动的场所。载酒堂后便是第四进楼厅，是园主人生活起居的地方，坐北朝南，面阔五间，上下两层。

耦园西部以织帘老屋为中心，分为南北两院，南院有湖石假山、纫兰室、鹤寿亭，北院有湖石花坛、藏书楼和书房。

耦园东部以受月池为中心，池南的水榭“山水间”和池北的黄石假山为主要景观。

“山水间”为一歇山顶卷棚式水榭，北部凌受月池水面之上，周围三面设廊，置“吴王靠”。

黄石假山以黄石为材，叠石手法自然，为苏州园林中叠石之佳作。假山有东、西两部分。两部分之间辟有谷道，两侧削壁如悬崖，形如峡谷，故称“邃谷”。

此外，东部庭园倚廊有半亭，砖额“枕波双隐”，楹联“耦园住佳耦，城曲筑诗城”，点出了园名之寓意。离半亭不远，还有一圆门，上有“耦园”二字，门外一条小径、一株苍松，也是一处热门的打卡点。

山水间

黄石假山

耦园楹联（Jasmine 拍摄）

Tips：

- 耦园是国内第一个开设婚姻登记处的园林。
- 耦园中路建筑中的三座砖雕门楼值得一看，第四进楼厅内可以喝茶、听评弹。

耦园圆门

耦园导览

全程 500 米，步行约 10 分钟，建议游览时间 1.5 小时。

重要景点

1 门厅　2 偕隐双山
3 纫兰室　4 湖石假山
5 鹤寿亭　6 织帘老屋
7 藏书楼　8 锁春
9 楼厅　10 载酒堂
11 无俗韵轩　12 藤花舫
13 储香馆　14 城曲草堂
15 安乐国　16 还砚斋
17 望月亭　18 吾爱亭
19 便静宧　20 魁星阁
21 山水间　22 黄石假山

辅助点图示

游船码头　售票处
入口　厕所
出口　最佳摄影点

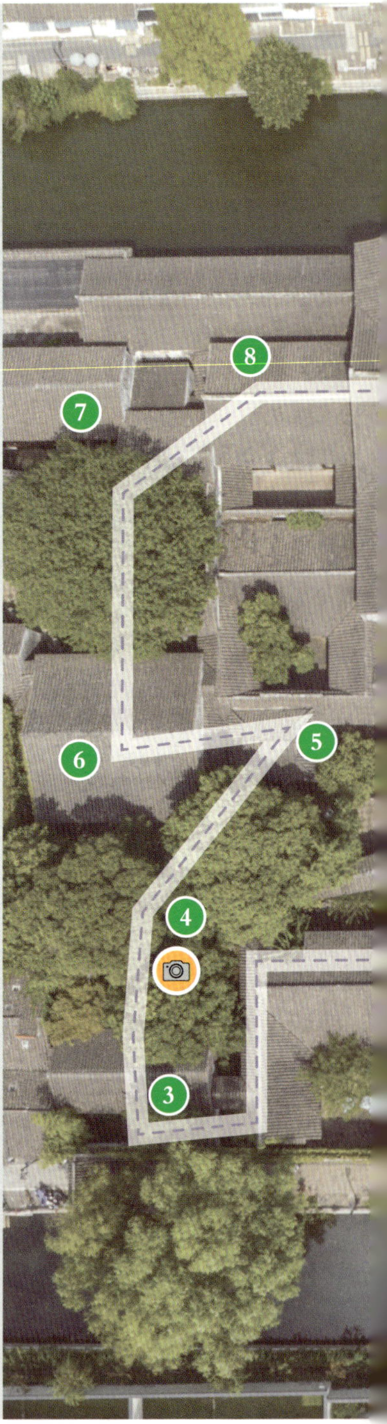

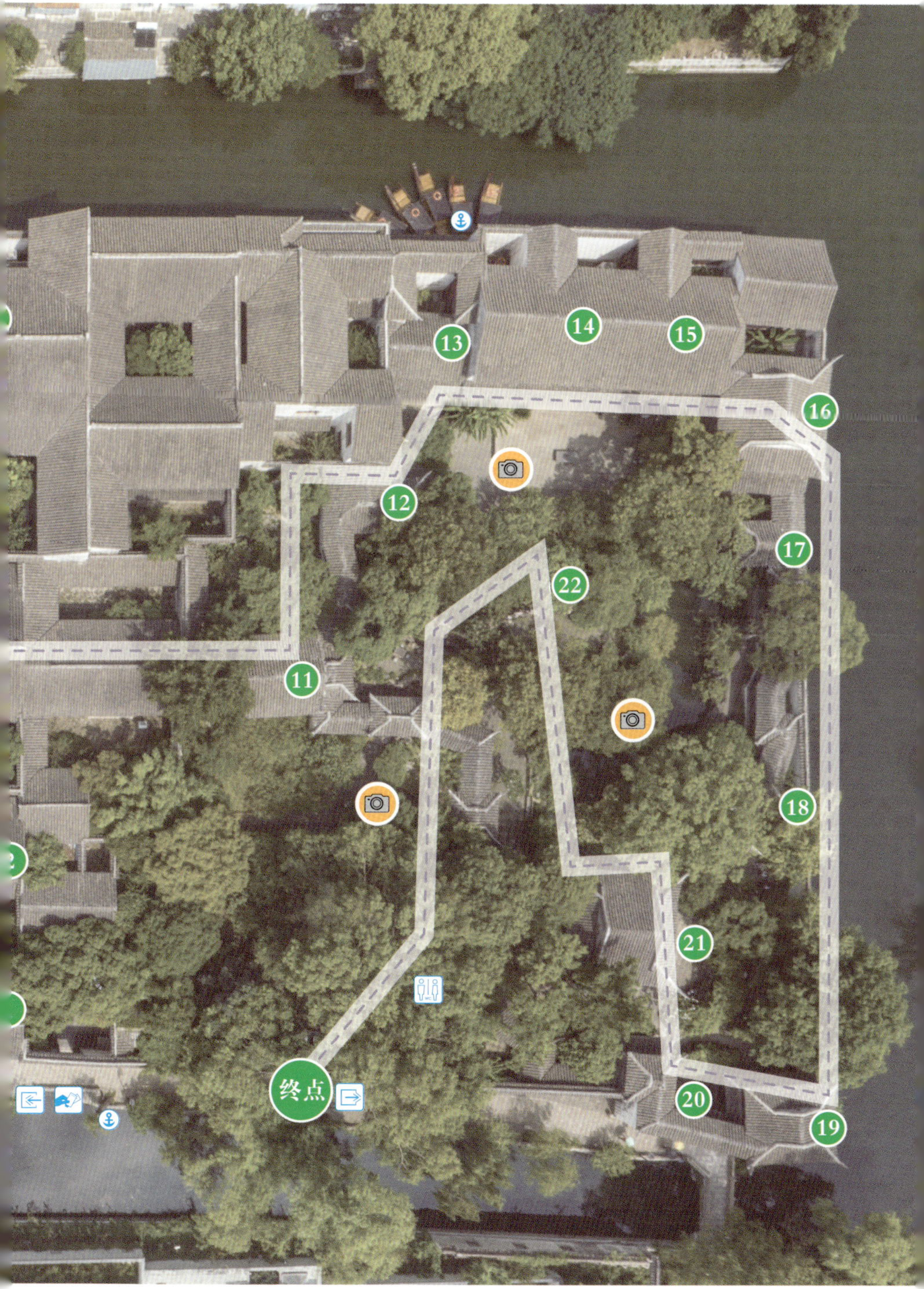
11
12
13
14
15
16
17
18
19
20
21
22
终点

拙政园

文物古迹 · 古建筑

古木横斜清气远，粉墙参差黛瓦苍。

拙政园鸟瞰

拙政园位于苏州古城东北隅，是一座建于明正德年间的私家古典园林，也是苏州现存规模最大的园林，自然与人文在这里完美地融合。明正德初年，官场失意而还乡的御史王献臣，以大弘寺址拓建为园，此拙政园之滥觞。园名取自晋潘岳《闲居赋》中“灌园鬻蔬，以供朝夕之膳……此亦拙者之为政也”。拙政园建成之后，王献臣邀请明四家之一的文徵明为其作《拙政园三十一景图》。五百年来，园主人更换数位，如陈之遴、吴璥、张之万等，拙政园格局也随之不断改变，如今的拙政园为晚清时期格局，和最初的格局已经大不相同。

拙政园占地约 52000 平方米，全园以水为中心，山水、花木、亭台楼阁环绕分布，错落有致，从格局上分为东、中、西三部分。东园开阔，中园北部为庭园，南部为住宅区域，西园规模较小，但建筑精致美观。

拙政园的入口设在东园南部，东园原名为“归园田居”，地面建筑均为新建或移建。由东园南圆门进入后，可见园中有池山，山北有秫香馆，山上有放眼亭，周围还有芙蓉榭、天泉亭等建筑。秫香馆坐北朝南，是一座面阔五间卷棚式的四面厅建筑，1959 年从洞庭东山移建于此。

中园东墙花窗

东园到中园一墙之隔，透过墙上的花窗可以远眺北寺塔，穿过圆门，豁然开朗，水面开阔，建筑分布左右岸边，远处借景北寺塔，为全园最佳景观之处。

中园南部为住宅，北部为宅园，宅园以水池为中心，亭台楼榭临水而建，池水面积占中园的三分之一，池内遍植荷花。园中心主体建筑为“远香堂”，是一座面阔三间的单檐歇山顶四面厅建筑，远香之意取自宋人周敦颐《爱莲说》“香远益清，亭亭净植”之意。远香堂西面有“倚玉轩”与船舫“香洲”，北面还有“荷风四面亭”，都是赏荷之佳处。池中荷花和岸上与荷花相关的建筑是拙政园的特点，荷花出淤泥而不染，濯清涟而不妖，正体现了园主人孤高不群的清高品格。

住宅区域由西向东分为三部分，即张履谦宅、忠王府和张之万宅（李宅），目前作为拙政园住宅开放的是李宅。该宅园清末民初归属李鸿章之侄、云贵总督

中园水景和远处的北寺塔借景

香洲画

梧竹幽

中园西墙别有洞天

李经羲所有。该宅园最南端为天井，内有文徵明手植紫藤的副株，距今四百多年。南墙墙壁上还镶嵌了“迎祥”二字。自天井由南向北分别是轿厅、主厅、女厅、男厅四进，轿厅北有砖雕门楼，镶嵌“基德有常”，主厅北砖雕门楼镶嵌“清芬奕叶”。

住宅区第二进雕花门楼

中园通过别有洞天便是西园，西部原为“补园”，其水面迂回，布局紧凑，依山傍水建以亭阁。其主体建筑为卅六鸳鸯馆，该建筑为面阔三间硬山顶建筑，中间用隔扇与挂落等分为南北两厅，北厅名卅六鸳鸯馆，南厅名十八曼陀罗花馆。该馆的一大特色是其蓝色玻璃窗，通过该窗户观赏外部的亭台楼榭，别有一番风味。

玻璃花窗

Tips：

- 拙政园赏花的时节：寒冬的腊梅，三月初的玉兰、樱花和海棠，四月下旬的紫藤，以及盛夏的荷花。
- 拙政园旁边有苏州园林博物馆，该博物馆为免费预约参观，现场可预约。

苏州经典园林一览

园林瓦窗

园名	地址	特点
拙政园	东北街	池广树茂，旷远明瑟
留园	阊门外留园路	庭院深深，峰石多姿
沧浪亭	沧浪亭街	苏州现存最古老的园林
网师园	阔家头巷	精致小巧，布局紧凑
狮子林	园林路	洞壑婉转，怪石林立
环秀山庄	景德路	假山第一佳构
艺圃	文衙弄	风格质朴，环水而建
耦园	小新桥巷	双双归隐，溺耦而耕
退思园	吴江同里	环池贴水佳作
五峰园	阊门西街下塘	玲珑剔透假山五座
怡园	人民中路	博众园之长自成一格
残粒园	装驾桥巷	小空间园林典范
拥翠山庄	虎丘景区内	山地园林
天平山庄	天平山东麓	山水林木相映成趣
西园	留园路西	布局严整，殿宇宏伟

注：参照苏州园林博物馆资料

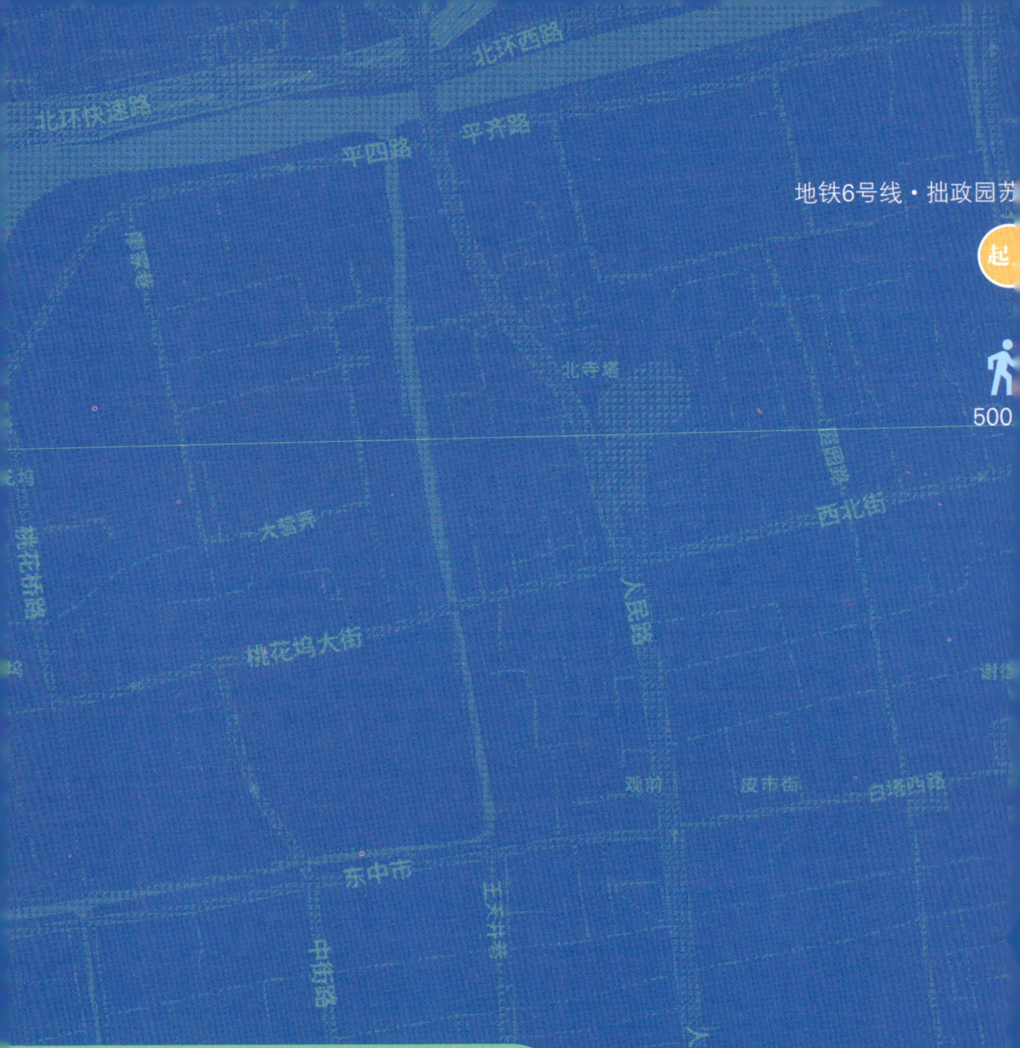

概　述

本线路建议一天时间，上午参观拙政园、狮子林，下午漫步平江历史街区。可以先坐船后步行，依次参观耦园、卫道观前潘宅、全晋会馆、潘世恩宅，结束参观可以步行到达临顿路地铁站。

注　意

平江路和白塔东路相交处是历史街区的北入口，有游船码头，在此处乘游船，再上岸行走，体会河街相邻的特殊布局。

漫步平江
游径
拙政园
400米
狮子林
大运河遗产点标志
1.4千米
耦园
700米
卫道观
前潘宅
全晋会馆
水陆双棋盘
潘世恩宅
700米
终点
地铁1号线・临顿路站
东北街
平江河
苏州大学北校区
干将东路
双塔

环古城，寻觅城门遗迹

春风倚棹阖闾城，水国春寒阴复晴。

细雨湿衣看不见，闲花落地听无声。

——唐·刘长卿《别严士元》（节选）

在中国的古城里，南京、西安的城墙保存基本完好，闻名遐迩。苏州的城墙没有那么有名，但却有其独特的味道。

周灵王十二年（前560），吴王诸樊徙国都至今苏州一带，经诸樊、余祭、余昧、僚四朝，至阖闾登基（前514），开始正式大规模营建都城，这座被后人称为“阖闾城”的城市，就是今天苏州城的雏形。

阖闾城周长约15千米，有八座城门，分别为破楚门（阊门）、姑胥门、蟠门、蛇门、缪门、干将门、巫门、望齐门。有的城门至今还有遗存，有的今已无存，但名称犹在。

尤为特别的是，拜苏州千百年来“水陆并行，河街相邻”的双棋盘格局所赐，苏州城在历史上还创造了“亞”字形的平面布局，以及多门辟水陆两座城门的独特结构，为国内仅有，是城市规划和建设的创举。

苏州环城河的开凿，始于春秋时期。相传吴王阖闾大规模营建都城的时候，吴国大夫、著名军事家伍子胥以“相土尝水，象天法地”的理念，在策划设计和构筑阖闾大城和姑苏内城的同时，也为苏州城规划和营建了集便于交通航运和利于军事防御等优点于一体的护城河。

经过隋、唐、明、清等后续朝代的建设，苏州城西侧环古城河、南侧环古城河与下胥江、山塘河、上塘河共同组成大运河苏州城区段的主航道。苏州现在的城市布局与2500多年前吴国建都时期相比，并没有发生大的改变，而今天被人们称为“环古城河”的这条河流，连通着整座苏州城的水网，堪称苏州城的“水魂”。

近年来，苏州大力加强对城墙的保护工作，并投入巨大的人力物力重新疏浚环古城河河道，古老的苏州城墙和环古城河，开始焕发出勃勃生机。

现在，苏州古城墙主要为明清时期的遗存，有盘门、阊门、胥门、蛇门、葑门、相门、娄门、齐门、平门、金门这10处城门。东侧娄门至蛇门城墙，多以夯土城墙形式留存，其中娄门桥至相门间城墙遗址已基本贯通。西侧盘门至阊门城墙，多以砖石城墙间断分布，保留古城墙遗存较多。

盘门，作为我国现存的保存最为完好的水陆并联古城门，历来以格局独特、景致秀美著称，民间还有“北看长城之雄，南看盘门之秀”的说法。盘门与其左近的吴门桥、瑞光塔一起，组成了著名的“盘门三景”，是大运河苏州段的七个世界文化遗产点段之一。

古时，阊门与胥门是苏州城里最为繁华热闹的地方，有“金阊门、银胥门”的美誉。阊门，曹雪芹在《红楼梦》开篇便以“有城曰阊门者，最是红尘中一二等富贵之地”来形容阊门，可见其繁荣。

胥门可能是苏州城留有最多故事的城门。相传，苏州城的设计者伍子胥死后，头颅悬挂在城门之上，后来苏州的老百姓为了纪念他，将其作为神祇纪念，将这座城门命名为胥门。

胥门斜对着胥江口。苏州古城门大多水陆并列，惟胥门为防太湖洪水进城，不开水门。胥江是伍子胥主持开挖的人工运河，水源出太湖，经胥口、木渎，汇京杭运河，过横塘，至胥门，与环城河交汇。

“江湖潮落高楼迥，河汉秋归广殿凉”，两千余年的自然变迁、人为破坏，特别是近两三百年的兵燹战乱，苏州这座古城原本高大巍峨的城墙，大多已经不复存在，只剩下几座陆离斑驳的城门。好在整体仍然保持旧时原貌的环古城河，还在静静诉说着这座城市的盛衰荣辱。

环城河沿线重要文化遗产分布示意图

盘门三景

盘门是苏州唯一一座水陆城门都保存完整的古城门，也是苏州的标志性古建筑。盘门的历史可以追溯到春秋时期阖闾城的“蟠门”，因“水陆相半，沿洄屈曲”而称为“盘门”。如今的盘门为元代所建，元末张士诚增修瓮城，明清两代不断修缮。

盘门、吴门桥、瑞光塔共同组成“盘门三景”。

盘门

文物古迹 · 古建筑

垂近姑苏特转湾，盘门只隔柳行间。

1996 年中国和新加坡联合发行了一套 2 张的“城市风光”邮票，新加坡采用狮身鱼尾像的城市风光，中国则采用了苏州盘门作为主图案，展现了盘门、吴门桥和瑞光塔三景。由此可见，盘门不仅是苏州的一张名片，也是中国的一张名片，它代表了苏州 2500 多年建城史，是华夏文明悠久历史的象征。

“城市风光”邮票小全张

据《吴越春秋 · 阖闾内传第四》载：“子胥乃使相土尝水，象天法地，造筑大城。周回四十七里，陆门八，以象天八风，水门八，以法地八聪。”蟠（盘）门便是八门之一，位于苏州古城西南隅，地处水陆要冲，由水陆两座城门组成。

唐之前的苏州城垣全为土筑，五代钱镠时期改为砖筑，宋以后多次修筑，从南宋绍定二年（1229）绘制的《平江图》可以看出，位于城西南角的盘门格局和

盘门城楼

今日盘门大体相同，也是水陆双门，只不过门的位置和形制有一些区别。宋代的盘门毁于宋元战争，元至正十一年（1351）逐步恢复城垣，到了元末张士诚据苏州期间，修缮了盘门城门并增筑了月城（外瓮城），后来明清多次修建，但都保持了元末明初的格局。

盘门为东西向，北为陆门，南为水门，南北宽约 62 米，陆门东西长约 44 米，水门东西长约 25 米。陆门分为两道，第一道为月城城门，第二道为盘门正门，进入月城城门后是瓮城，沿瓮城道路继续向西，是盘门的正门，门额上镶嵌一刻

水关桥

有“盘门”二字的额。城门之上有一城楼。沿门洞向西进入城门，此门进深约 13 米，由三道纵联分节并列式石拱串联构成。门内的板门已经无存，留有门闩凹槽，还有完整的千斤闸闸槽。闸槽顶部附近还有“品”字形三个小孔，是对付敌方火攻的灌水口。进入城门内向北有一登城步道，由此可以登上城台。

城台之上，城墙两侧有雉堞和女墙，城台中央便是面阔约 15 米、高约 11 米的城楼，为重檐歇山式砖木结构建筑。城楼前后各有一匾额，前书“水陆萦回”，后书“吴中锁钥”。这座城楼并非古建，老城楼在抗日战争期间被焚毁，现存城楼是 1986 年苏州市根据照片和《姑苏繁华图》中城楼图案重新修建的。

从城楼往南便是两道水门之上的水城，两道绞关闸门控制水门的启闭，南侧还有通往两道水门之间水瓮城的阶梯通道，现已经封闭。仔细观察，盘门内外两道水门的结构不一样，并非同一时代的遗存，外门应早于内门。盘门水城门是国内为数不多保存完整的水陆并列的古城门，具有极高的文物价值。

盘门内侧还有伍相祠，是纪念伍子胥的祠堂。据记载，南宋时期盘门附近就建有伍相祠，已毁，现在的伍相祠是 1988 年翻建的。离伍相祠不远的地方，还保存有宋代旗杆石一对，据考证很可能是宋代伍相祠的遗存。

“水陆萦回”匾额

盘门水门

陆门
城楼
瓮城
女墙
步道

盘门城门的构成

● **雉堞**

城墙顶部筑于外侧连续凹凸形状的矮墙，在防卫时候起着掩护守城士兵之用。

● **女墙**

女墙是城墙顶部内侧的矮墙，起到护栏的作用。

● **水门**

水门也称水关，是城墙内外水系流通的地方。城墙的水门设置有闸门，通过启闭来控制船只进出城门。苏州盘门的水门有内外两重，更加安全。

● **陆门**

陆门相对于水门，是城墙陆地上的城门。苏州盘门的陆门设内外两道，还设有千斤闸。城门上有一座重檐歇山顶的城楼。

● **城楼**

城楼也称门楼，亦有敌楼、谯楼之称，供城门上瞭望守备之用。

● **瓮城**

瓮城也称月城，是城门外修筑的半圆或方形小城，用于加强城门的防护，也有修筑在城门内的瓮城，如南京的聚宝门。

● **步道**

步道是城墙内侧方便士兵登城的道路，大多利用城砖棱面形成涩脚，称之为"礓䃰"，用于防滑。

吴门桥

文物古迹 · 古建筑

吴门桥外荡轻舻，
流管清丝泛玉凫。

在 20 世纪 80 年代中期之前，盘门外的环城河一直是大运河的主航道，维持了 1000 多年的历史。吴门桥自北宋年间初建到现在，几经重修，千百年来凝视着流淌的运河之水，见证了往来的历史。

环城河上的吴门桥

建桥之前，要渡过环城河只能靠摆渡。北宋元丰七年（1084），郡人石氏为方便此处百姓渡河，出资兴建了一座桥，名为“新桥”。桥分为三部分，北部为两座相接的木桥，南部为一石桥，所以又称为“三桥”，是吴门桥的前身。三桥毁于战火，南宋绍定年间（1228—1233）重建为三孔石拱桥，改名为“吴门桥”。元明清三代，吴门桥经过数次修缮和重建，到清顺治三年（1646）重修为单孔石拱桥，为今日吴门桥之形制。

今日吴门桥为清同治十一年（1872）由江苏省水利工程总局重建。吴门桥为金山花岗岩石质，夹杂少量宋代旧桥所遗的武康石。桥身南北向横跨环城河，全长约66米，中宽4.8米，净跨16米，矢高9.85米，为苏州地区高度第一的单孔石拱桥。从桥南堍拾级而上，南北各有50阶，对于腿脚好的年轻人是轻而易举之事，若是步履蹒跚的老者，可以在犹如靠背椅的桥栏上坐一坐，稍事休憩。桥中央还有一块浪花图案的桥心石，此处也是欣赏水陆盘门的最佳之所。

如果坐游船从环城河穿桥洞而过，远远就可以看到桥额上正中有“吴门桥”三字，桥联一面刻“江苏省水利工程总局重修”，一面刻“同治十一年壬申夏四月”。穿洞而过，数一数桥拱券，有10排券石纵联并列砌置。

吴门桥周围还有几座桥，桥西南面盘溪通外城河口处有吉水桥，桥北堍西边通往内城河口有水关桥，桥东边跨大龙港与外城河交汇处有兴隆桥，不远处跨环城河还有规模巨大的蟠龙桥。

桥心石与石桥栏

Tips：

● 吴门桥中央是拍摄盘门和水关桥全景的极佳角度。

盘门三景

瑞光塔

文物古迹 · 古建筑

舍利光中宝相呈，
浮图金碧俯雕甍。

瑞光塔位于盘门东北，原瑞光寺址之上，是一座八面七级砖木楼阁式佛塔。相传早在东吴赤乌四年（241），孙权为迎接西域康居国僧人康僧会而在此建瑞光寺，赤乌十年，为报母恩，在寺中建十三层舍利塔。现存塔始建于北宋景德元年（1004），因寺为名，称之为“瑞光寺塔”，习惯称为“瑞光塔”。

瑞光塔建成之后，千百年来几度毁于兵火，元明清多次重修，最近一次损毁

是在清咸丰年间太平军和清军的战争之中。1979 年至 1991 年，历时 12 年的修缮工程让瑞光塔重新绽放佛光，屹立于盘门景区。

瑞光塔建筑于石台基之上，是砖木混合结构，由外壁、塔心柱和回廊组成。一到五层不设置塔心室，是砖砌实心结构，周围设置佛龛，可绕塔礼佛。六到七层塔心室中央立楠木塔刹柱，支撑塔顶和塔刹。

瑞光塔一层设置副阶，立于须弥座台基之上。须弥座下有祥云纹饰，束腰有如意纹和戏狮图案，狮子的形象具有唐宋时期的特征，和瑞光塔内发现的一组铜狮如出一辙。1987 年，在塔第一层外檐地坪下发现一块磉石，上面刻满了记录建塔捐资的 200 余字，其中“景德元年甲辰岁四月廿一日定磉”表明瑞光塔的建造奠基时间。

瑞光塔内发现的铜狮

瑞光塔与盘门

磉石碎片

塔内部结构除了六、七层为后代维修之外，一到五层基本上还是北宋原貌，阑额上的朱白、泥塑花卉等保存较为完整。第三层塔心柱底部有几块铭文砖，上面有大中祥符三年（1010）捐资建塔的信息。第四层外墙内壁保留了不少墨书题记，在内壁上方还残存有一处观音菩萨的壁画。另外，1978 年，苏州三位小学生在塔内掏鸟窝时发现秘藏珍贵文物的密室——天宫，在此发现了真珠舍利宝幢等珍贵文物。

瑞光塔外东侧还有一块巨大的石碑，称为“瑞光塔赞碑”，上刻明太祖御赞：“大智力人，性定心方，稳首陵穹，脊骨纯钢，瞑目而逝，馀灰塔藏，信有之乎，灵明长存，午夜放光。”该碑为明代大学士苏州人文震孟所书。碑通高 457 厘米，宽 190 厘米，是苏州名胜古迹中现存最大的一块御赞碑。

第三层中心柱底部的铭文砖

瑞光塔赞碑

瑞光塔

瑞光塔第五层内部塔心柱

盘门景区导览

全程 2.4 千米，步行约 30 分钟，建议游览时间 2~3 小时。

重要景点

1. 瑞光塔　瑞光塔赞碑
2. 四瑞堂
3. 唐井
4. 通关坊丁宅明代大厅
5. 孝义碑
6. 千年夹石
7. 盘门
8. 伍相祠
9. 吴门桥
10. 蟠龙桥

辅助点图示

游船码头　售票处

入口　厕所

出口　最佳摄影点

停车场

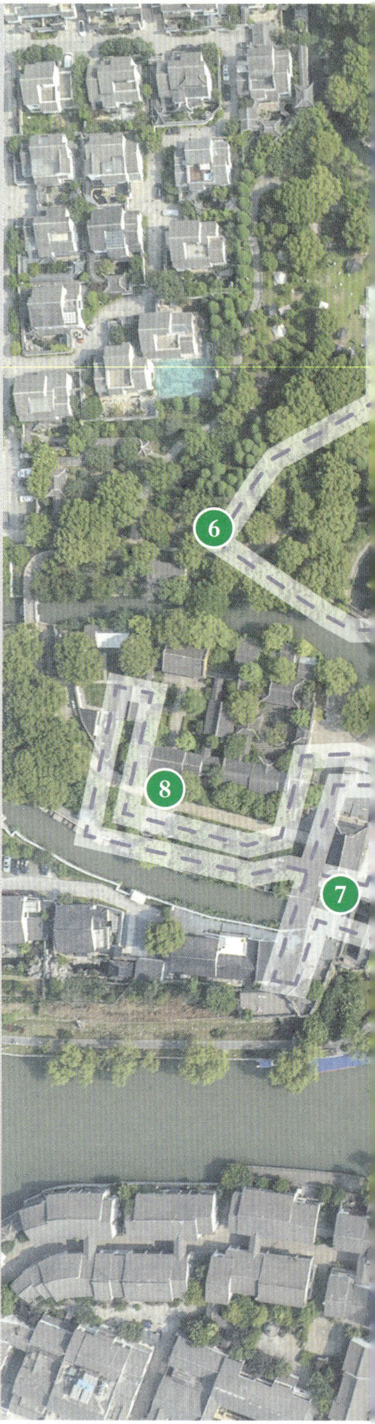

4
3
1
2
起点
P
终点
10

金阊银胥

苏州城墙的八个古城门有"金阊银胥"之说，形容阊门和胥门周边车水马龙，商贾云集，市场繁荣，这都得益于此二门所在之处，河道交汇，水系发达。

阊门位于苏州城西北角，山塘和上塘两条河流连通了大运河和环城河，并和外城河（西北段和西南段）、内城河共同组成"五龙聚阊"的独特景象。

胥门位于阊门南，是苏州城的西门。胥门之名说法甚多，除了与伍子胥有关外，顾颉刚认为得名于"阖闾王走此门好游姑胥台"。胥门外有环城河自北向南，与胥江交汇，可直通太湖。

阊门

文物古迹 · 古遗址

吴门竿阊阖，
迎送每跻攀。

阊门为阖闾城古八门之首，位于苏州城西北面。古人将天宫的天门称为阊阖之门，阊门因此得名，寓意苏州城“气通阊阖”，是天宫在人间的映射。清代的阊门便挂有“气通阊阖”的匾额，今已不存，但在阊门内南侧路边新修筑一碑亭，当中有一花岗岩石碑，上书“气通阊阖”四个大字。阊门也称吴门，因这里是伍子胥率吴军伐楚时出发和凯旋之门，历史上也称破楚门。

阊门的位置十分特殊，山塘河、上塘河、外城河（西北段和西南段）、内城河在这里交汇，宛如五条长龙汇聚于阊门，形成“五龙聚阊”的景象。

明清时期，阊门是带有外瓮城的水陆城门。陆城门有东西两道城门，还有南、北两个童梓门，门外有吊桥，门内就是阊门大街（今西中市），南童梓门通今南新路，北童梓门通北码头；水城门在陆城门以北，跨下塘街河，门外有聚龙桥。

阊门夜景

1934 年，为了改善交通，将阊门改建为三门，中间行车，两边行人。20 世纪 50 年代到 60 年代阊门被逐步拆除，如今仅存残迹。今日的阊门是 2006 年重建的。

阊门之所以享有盛名，是因为明清时期这一带曾是全国最繁盛的商业街区，而这要归功于大运河。当时阊门到枫桥段的十里长街万商云集，各种店铺数不胜数，各行各业应有尽有，各省会馆分列其间。明代唐寅的诗作《阊门即事》写道："世间乐土是吴中，中有阊门更擅雄。翠袖三千楼上下，黄金百万水西东。五更市卖何曾绝，四远方言总不同。若使画师描作画，画师应道画难工。"

"气通阊阖"石碑碑亭

清咸丰十年（1860），太平军攻打苏州，江苏巡抚徐有壬和总兵马德昭接连颁布三道命令，烧毁城外商业区，以巩固城防。曾经繁华盖世的阊门商业区，直到枫桥寒山寺，转眼之间化为灰烬，数十万苏州市民逃往上海租界。时人曾作《姑苏哀》道："清军十万仓皇来，三日城门闭不开。抚军下令烧民屋，城外万户成寒灰。健儿应募尽反颜，弃甲堆积如丘山。"

清军收复苏州后，苏州的经济中心地位已经被上海所取代，加上运河漕运

阊门水门

阊门内城门

逐渐被陆路交通特别是铁路所取代，阊门的经济地位一去不返。如今，阊门的街市依然繁华，但相较于全盛时期，已不能同日而语。

阊门还见证过一段辛酸的历史——洪武赶散，即明朝初年大规模的人口迁徙活动。元朝末年，张士诚在苏州建立根据地，与朱元璋抗衡，后兵败被俘，缢死金陵。明朝建立后，朱元璋为了巩固统治，下令将苏州城内原本支持过张士诚的士绅商贾的家产没收，责令全家迁徙到江淮一带垦荒屯田。

由于临近大运河的关系，这次迁徙的主要出发地就是阊门外的码头，所以现在江淮一带很多人家的族谱还记载其祖籍来自苏州阊门，如今在码头旁立了一座名为“阊门寻根纪念地”的石碑。

“阊门寻根纪念地”碑

Tips：

- 阊门向东为西中市，自明代为阊门内的主要商业街，现沿街民居多保留民国时期的建筑风格。
- 阊门向西有石路，20 世纪初便为苏州著名商业街，一度成为阊门外闹市的代名词，号称“百年石路”。

上塘河
外城河（西南段）
阊门

山塘河
内城河
外城河（西北段）
五龙汇阊门

胥门

文物古迹·古建筑

芦苇萧萧生晚潮，伍员何地更吹箫。

胥门，也称姑胥门，位于苏州城西万年桥南，阊门和盘门之间，为春秋阖闾城古八门之一，也是苏州城墙幸存的两座古城门之一。

胥门之名是因遥对姑胥山（姑苏山）而得，但民间流传了其他两种说法。一种说法是胥门得名于修筑阖闾城的春秋名臣伍子胥；另外一种说法也和伍子胥有关，传说吴王夫差听信奸佞，逼伍子胥自尽，他死后头颅被悬挂于城门上示众，后人为了纪念他，命名该门为胥门。不论哪种说法为真，胥门和伍子胥都已是烙印在苏州文化中的一个深深的印记。

胥门广场的伍子胥像

胥门对岸偏南处有一条名为胥江的河流，这条河相传也是伍子胥开凿，经过木渎古镇，连通阖闾城和太湖。据说伍子胥为了伐楚，不仅开凿了胥江，还在太湖西滨宜兴开凿胥河（又称胥溪），经溧阳、高淳，穿固城湖，连通水阳江，最后在芜湖注入长江，全长100多千米。这条运河开凿于公元前506年，早于开凿于公元前486年的邗沟。更为可贵的是，这条运河的很多段至今还发挥着运输的功能。

胥门古城门原本水陆并列，宋元以后，为防止太湖水在汛期进城而只设陆门。元末张士诚在胥门外修建月城，民国时期被拆除，现仅存遗迹，拆除的石材被用于修建“新胥门”。胥门南侧城墙保留了一段，北侧还有用于接待官员从码头上岸的接官亭遗址，为一座牌坊残件，俗称万年桥大街牌坊，也叫“民不能忘”牌坊，为纪念清康熙年间江苏巡抚汤斌所建。

胥门外瓮城遗址

胥门北边有重修的万年桥。清代中期，苏州经济繁荣，往来船只日以万数，待船以济，出入不便，当地士绅多次捐献集资，议建胥门大桥，但霸占渡船收益的豪绅和官府却扬言:“城西多山，山多煞气，若造桥沟通，必引煞气入城，引来祸害。”直至乾隆五年（1740），苏州知府汪德馨力排风水邪说，在巡抚徐士林支持下，费时两年，建成万年桥。

万年桥原是一座三孔石砌墩台木质梁桥，桥长约 108 米，宽 8 米，高约 11 米，桥西堍建石牌坊，题额“三吴第一桥”。1944 年 6 月 8 日被一辆满载煤炭的日军货车压塌。1952 年，万年桥改建为钢筋水泥梁桥。2003 年实施环古城风貌工程时重修万年桥为三孔石拱桥，东西两堍还存有老桥桥基。

大运河上的万年桥

Tips：

- 胥门和伍子胥纪念公园全天免费开放。
- 胥门外有一个游船码头，可以坐船到盘门码头和相门码头。

胥门、环城河与胥江

胥河与胥江

胥河与胥江都以“胥”为名，相传是由伍子胥主持开凿的，分别位于太湖的西岸和东岸。胥河也称胥溪，西起南京市高淳固城湖，上游连接长江在安徽芜湖的支流水阳江，下游连接太湖水系荆溪。胥江东起苏州城胥门，西到太湖胥口，连接太湖和苏州环城河。

据清光绪《高淳县志》记载：“胥河，吴王阖闾伐楚，伍员开之，以通松道。”春秋时期，吴王阖闾为了伐楚，命伍子胥督役开凿胥溪，从阖闾大城（今苏州）胥门起，西经横塘、木渎，出胥口通太湖，经宜兴、溧阳、铜汭（今高淳）至安徽芜湖以达长江，既避开了长江的汹涌波涛，又大大缩短了吴楚之间的水路里程。

周敬王十四年（前 506），吴王阖闾亲率伍子胥、孙武等人向位于今天湖北荆州的楚国都城郢都发动进攻，由于经胥溪航道出兵速度很快，加上良好的后勤保障，吴军不久便攻陷了楚国都城。

如今，胥河仍然发挥着重要的航运功能，可通行千吨位的船只，为太湖平原沟通长江中游和皖南水系的交通要道。

苏州城墙其他城门

苏州城墙肇始于春秋时期的阖闾城，据《吴地记》载：阖闾城四周辟“陆门八，以象天之八风，水门八，以象地之八卦”。后世朝代有封塞和新辟，如宋代为守卫需要，只开阊、盘、葑、娄、齐五座城门。民国时期，为了交通需要，开辟了金门，重修了相门、平门和新胥门。

1949 年，苏州共有阊、胥、盘、葑、相、娄、齐、平、金、新胥 10 座城门，后大多被拆除，仅存盘、胥、金 3 门。近年经过数次古城墙修缮工程，修复了阊门、相门、平门、娄门、齐门、葑门、蛇门 7 座城门及相关部分城墙，还在相门建立了苏州城墙博物馆。

蛇门为古八门之一，因越国在南方，居巳位，属相蛇，所以将南边的门命名为蛇门，乃相克之意。蛇门早在宋代就已经废塞。1998 年 10 月重建了 280 米长的城墙和城门。

齐门位于城北。因门朝向当时的齐国，故名，也称为望齐门。20 世纪 50 年代初，首先拆除城门、城楼，1978 年建水闸时拆除了水城门。2011 年修复了齐

门城楼遗址及部分城墙。

平门位于城北，齐门之西。门名有二说：一说，表示欲平定齐国之意；一说，伍子胥率平齐大军从此门出，打败了齐国，班师回朝，大军由此门而入，故名。古平门何时废塞，无考。1928 年为便利城内外交通，重辟平门，为两个并列的高大城门洞。有外城河而无内城河。城门上无城楼，更无水城门。1958 年拆除。2012 年重建了城楼和部分城墙。

相门原名匠门，位于城东，因曾是各种手工匠人聚居之地而得名。据传吴王阖闾曾命铸剑高手干将于此设炉铸剑，故又名干将门。“相”是“匠”音的转变。相门于 20 世纪 50 年代被拆除，2012 年重建了相门水陆两门和附近一段城墙。

葑门位于城东，相门之南。初名封门，以封禺山得名；另外一种说法是城门外多葑田，即种植茭白的田地，遂改为葑门。该门经历代多次重建，20 世纪 50 年代被拆除。2011 年修复了葑门城楼、水门及部分城墙。

娄门位于城东北。娄门本号瞜门，东南方向在秦时有古瞜县，至汉王莽时改为娄县，门随改称娄门。城门分外、中、内三重，内城筑有城楼，三重城门之间有空地和闸门装置，十分坚固。水门三道也有闸门装置。1958 年内城门和水门被拆除。2013 年重建了娄门城楼及部分城墙。

相门全景

灭渡为桥

大运河苏州段自北向南流淌，在20世纪80年代开辟横塘南新河之前，运河都是沿着环城河经过阊门、胥门盘门，继而流经灭渡桥向南流向吴江的。

灭渡因发音近似“觅渡”，该桥也被讹为觅渡桥。另外，在桥额上残留有“接渡桥”三字。

灭渡桥

文物古迹 · 古建筑

灭渡桥回柳映塘，
南风吹郭不胜香。

灭渡桥，又名觅渡桥、接渡桥，位于苏州古城东南环城河外，横跨大运河故道。这里历史上为水陆要津，是由东南方向进入苏州的通道。

桥为厚墩薄孔单孔石拱桥，东西走向，通长 81.3 米，净跨 19.3 米，矢高 8.5 米。桥身主体材料为太湖石，但也有部分武康石和花岗岩，表明其经过多次修

缮。值得一提的是，部分武康石的构件，例如压券石上的花纹和乳钉纹，又如桥盘石的花卉图案雕刻，都具有宋元时期的典型特征。桥拱券采用分节并列砌筑方式，没有使用纵联，这也是宋元时期的特征。

据记载，该桥是元大德二年（1298）十月始建，大德四年三月竣工，历时一年有余。该桥在明宣德九年（1434）由苏州知府况钟重修。宣德五年，况钟被尚书蹇义等人推荐任苏州知府。当时苏州府赋役繁重，很难治理。况钟为人处事刚正廉洁，不慑于权势，不畏于强暴，大力整顿吏治，惩治贪官污吏。他与应天巡抚周忱合作，减苏州府税粮，建造义仓，均徭役，免军户，招复流民，兴修水利，在这些德政中就包括了重修灭渡桥。后来苏州人民为其立生祠，誉之为“况青天”。正统七年（1442），况钟去世，享年六十，并与季亨、魏观、王观、姚善一同被人称为“姑苏五太守”，祭祀于学宫。

灭渡桥

桥联石上禁止捕捞的刻字

灭渡桥与远处的盘门城楼

清同治年间，灭渡桥曾进行过一次大的修缮。最近一次修缮是 1984 年，恢复了石栏杆。

关于灭渡桥的桥名为何叫灭渡，《（正德）姑苏志》是这样记载的：“赤门湾南，旧以舟渡。舟师专利，行旅患之。大德间，有僧自昆山来，为渡所沮。发愿募创，因名灭渡。”由此可见，该桥建成后，人们不必再摆渡过河，所以取名为“灭渡”，有“志平横暴”的意思。

如今灭渡桥的交通功能早已被旁边新建桥梁所代替，这段大运河河道也因 1986 年主航道改道而不再繁忙，变为附近居民的休闲场所。

“接渡桥”桥名

拱券下的荷首莲趺字堂

武康石质压券石上的乳钉纹

螭首纹桥盘石

Tips：

- 灭渡桥全天免费开放，旁边还有一个游船码头。

概　述

本线路建议骑行，上午从灭渡桥（蛇门对岸）开始，逆时针沿环城河行进，先到新建的相门，参观苏州城墙博物馆。然后穿过街巷到新建的娄门，再到平门、阊门，在阊门附近品尝美食后再骑行到金门、胥门，最后到达盘门景区。盘门景区需要购票进入，可以先参观瑞光塔，再到盘门，最后跨过吴门桥，再从蟠龙桥回到盘门景区入口，结束一天的行程。

注　意

苏州城墙博物馆位于苏州相门古城墙景区内，于 2013 年 11 月起对外开放，为遗址类博物馆。博物馆主要是以图文方式介绍苏州各个历史时期城墙的形成历史和发展历程。

游径
骑行环城三十里

游山塘，
感受姑苏繁华

上有天堂，下有苏杭，

杭州西湖，苏州山塘。

——曹聚仁《吴侬软语说苏州》（节选）

山塘，是一条人工开凿之河，由唐代著名诗人白居易任职苏州时主持疏通，并把挖出的泥土堆砌成长堤，长七里，宽阔成路，称为“七里山塘”。

“自开山寺路，水陆往来频。银勒牵骄马，花船载丽人。”白居易曾经用这样的诗句来记录山塘疏通后的情景。

山塘作为苏州的繁盛风流之地，在苏州的文化史上留有重要的一笔。“七里山塘一水通，画船罗绮妒秋风。”沿着这条山塘河，走一走山塘街，领略那晃荡着蔷薇色历史的姑苏繁华滋味。

山塘的东端毗邻阊门，明清时期的苏州是江南著名的大都会，而当时苏州最发达的商贸中心便是阊门城外至枫桥镇一段。曹雪芹在《红楼梦》中，用“最是红尘中一二等富贵风流之地”来形容阊门。著名的《姑苏繁华图》将阊门、山塘街一带作为重点描绘对象，并将这部分景致安排于图卷接近尾声的高潮位置。画中众多店铺、茶苑、酒肆沿河道而建，众多商家经营着琳琅满目的各地货品，大小官船、货船、客船、杂货船、画舫在河道上穿梭往来。

值得一提的是，山塘河多桥。保存至今的多座古桥，以渡僧桥、星桥、通贵桥最为有名。“招手渡头人不见，二分新月近青山”，苏州自古是文学曲艺之乡，多莲社之雄才，常东山之雅会，几乎每一座桥，都留下了诗人吟诵的佳句。

山塘街东段的山塘桥至星桥之间，是七里山塘最具繁华街市景象的一段。街道是青石条铺成的，行人络绎不绝，街两旁的商铺鳞次栉比，巧夺天工的各种苏州特色工艺品让人眼花缭乱。“糯米粢饭有夹心，各色浇头自己挑。锅贴水饺香喷喷，桂花藕彩海棠糕。”在这里，从各式点心到苏式汤面，从留存下来的特色老店到创意满满的新苏式小店，碰撞出一场精致美食与苏式文化的盛宴。

“好住湖堤上，长留一道春”，山塘街得以长久留存，还因为繁华深处的寻常百姓生活。住在山塘的人家，前面是街道烟火，后门是枕河生活。在曲曲折折的小巷子里，老人悠闲地晒着太阳，孩童尽情地嬉闹，穿巷而过的你，头顶上飘扬着的是花花绿绿的衣服。

有了繁华的市井风貌做舞台，怎会少得了文人墨客、豪情壮士、仕宦名臣、才子佳人。在这里，唐伯虎偶遇了秋香，上演“三笑姻缘”的故事；在这里，苏州好儿郎点燃了反抗权宦的火炬，留下了五人墓供后人凭吊；七只石狸猫，记录下刘伯温“神机妙算，运筹帷幄”的传说；九州风雨骤，“南社群贤”以笔为刀，以诗文唱酬……

七里山塘到虎丘，山塘的西端，就是苏州的地标建筑——虎丘塔。建成于北宋时期的云岩寺塔，俗称虎丘塔，有着“世界第二斜塔”的说法，古朴雄奇。其作为大运河苏州段的七个点段之一，被列入《世界遗产名录》。

春秋时期，吴王阖闾、伍子胥、孙武，中国历史上三位赫赫有名的人物，在姑苏城相聚，平越伐楚。虎丘，曾经是吴王阖闾的离宫所在。据《史记》记载，吴王阖闾葬身于此，幽奇神秘的剑池，埋藏着帝王墓葬的千古之谜。

从六朝开始，虎丘成为佛教名山和游览胜地。东晋时期的王珣、王珉兄弟舍宅为寺，刘宋高僧竺道生曾在此讲经弘法，留下了“生公说法，顽石点头”的佳话，生公讲台、千人石、点头石、白莲池等，都是可以去寻访的遗迹。

“过姑苏，不游虎丘，不谒闾丘，为二欠事”，这是宋代大文豪苏东坡曾经的感慨。由此可见，虎丘是文人墨客眼中不可不去的名胜古迹。

游山塘，您可以步行，也可以坐船。在那华灯映水、画舫凌波的光景里，穿梭在那些或斑驳或繁华的景象里，就好像穿越回了以前，做了一个梦，一个关于姑苏繁华的美梦……

山塘河沿线重要文化遗产分布示意图

七里山塘

唐宝历元年（825），白居易从杭州调任苏州刺史，为了便利苏州水陆交通，开凿了一条西起虎丘东至阊门的山塘河，将环城河阊门段和大运河相连通。开凿的同时将泥土在河北岸堆堤，形成的道路，被称为“白公堤”，后来逐步发展成山塘街。

山塘街全长约七里，故有“七里山塘”之美誉。千百年来，山塘街水陆并行、河街相邻的格局未变，店肆林立、会馆集聚的繁华依旧，向世人展示着“姑苏第一街”的魅力。

唐少傅白公祠

风景名胜·纪念景观

扬州驿里梦苏州，
梦到花桥水阁头。

唐少傅白公祠

山塘街斟酌桥西原有纪念白居易的白公祠，毁于太平天国时期。今阊门外渡僧桥畔新建了一座“唐少傅白公祠”，也称“白居易纪念苑”。重建的白公祠大门外照壁上写有八个大字，一侧是“山塘始祖”，另一侧为“乐府诗神”，概括了白居易在诗坛的地位及与山塘的关系。

唐宝历元年（825），白居易任苏州刺史，对苏州城外西北河道进行疏浚，并开挖阊门外环城河到虎丘山麓长约3600米的一条水路，称“山塘河”，便于商业和交通。开挖山塘河时将挖出的泥土堆于北岸形成长堤，后人称“白公堤”。在今义风园五人墓院内有一座明代的白公堤石幢，其中《重修白公堤记》碑文开头便是“自虎丘而东，至阊门凡七里，曰白公堤，唐太傅白乐天守郡时筑也，俗皆称为山塘”，这段碑文详细说明了山塘与白居易的关系。苏州百姓为了感念白居易的功德，修建白公祠于山塘河畔，世代拜谒。

重建的白公祠正厅有匾额“济世善身”，楹联“唐代论诗人，李杜以还，唯有几篇新乐府”“苏州怀刺史，湖山之曲，尚留三亩旧祠堂”。匾额和楹联反映了后人对白居易一生为官、做人的基本评价。

白公祠所在地是山塘商业最为繁华之所，曾经“居货山积，行云流水，列肆招牌，灿若云锦”，在其后方还有俗称“白居易码头”的阊门码头和纪念明代移民的阊门寻根纪念地。另外，祠堂旁还有一座始建于宋代的渡僧桥，这里也是山塘河的东端，可惜为了交通需要，这座桥已经重建为水泥平板桥。

白居易（772—846），唐代诗人，字乐天，号香山居士，曾官太子少傅，后人因称其白傅。代表诗作有《长恨歌》《卖炭翁》《琵琶行》等。

白居易像　苏州博物馆藏

玉涵堂

文物古迹 · 古建筑

访遍舞裙歌扇地，
秋风吹老玉涵堂。

唐代诗人杜荀鹤的“君到姑苏见，人家尽枕河”所描绘的场景，今天在山塘河两岸还能随处可见。这些河房大多临水而建，前门为街巷，后门枕河，因地制宜，布局紧凑，大多数还有私家河埠头，既可临水清洗衣物，又可以兼做码头之用。

除了普通的河房民居之外，山塘还有不少富贵人家的深宅大院，位于山塘河通贵桥南面的玉涵堂便是其中的一处。这座宅邸是明代大学士吴一鹏故居，俗称“阁老厅”，堂名“玉涵堂”。“玉涵”取“君子比德于玉”之意，把玉视为修身的道德标准，体现了明代士大夫的道德观。

玉涵堂正厅

玉涵堂建筑群鸟瞰

现存的玉涵堂古建筑群有四路五进，除了中路主厅为明代遗构外，其余建筑均为清至民国时期修建。该建筑群汇集了江南民居的厅、堂、楼、阁、斋等各种建筑形态，是一处典型的明清苏州大型宅邸建筑群。

中路建筑现被用为展示苏州吴门医派中医药文化的国涵堂，可进入参观部分区域。第一、二进为楼，归国涵堂药店使用；第三进为主厅，即玉涵堂；第四、五进为走马楼。主厅玉涵堂外观可见，内部暂未开放。该厅面阔三间，硬山顶，中脊有“福禄寿喜”四位神仙塑像，仙风道骨，神态安然。

玉涵堂中路东侧有一路建筑，现被辟为桃花坞木刻年画工作室，用于展示发源于山塘的桃花坞木刻年画。

玉涵堂中路西侧有两路建筑，西边的西一路现被辟为苏州生肖邮票博物馆，位于西一路和中路之间的西二路三进院落现被辟为姑苏区运河文化展示馆和山塘人文风情馆，展示大运河文化和姑苏文化、非遗传承等内容，均免费对外开放。西路建筑后进还设有后花园“真趣园”，将园林和昆曲结合起来，为游人提供一处雅趣之地。

五百年来，玉涵堂几经变迁，到清代中叶，这里早已成了舞榭歌台。1949 年后，玉涵堂成为苏州茶厂的生产车间，部分区域作为居民住房。2002 年，玉涵堂进行修缮修复，逐步将居民和工厂迁出，进行了全面的保护。如今，玉涵堂四路建筑均成为对外展示苏州文化的窗口，建筑群也于 2011 年被列为江苏省级文物保护单位。

山塘的古桥

文物古迹 · 古建筑

樯炬疑龙见，
桥星讶鹊成。

七里山塘之上横跨桥 7 座，竖贯堤上桥 8 座，俗称“横七竖八”。“横七”由南向北依次是山塘桥、通贵桥、星桥、彩云桥（又名半塘桥）、普济桥、望山桥和西山庙桥。“竖八”则是白姆桥、毛家桥、桐桥、白公桥、青山桥、绿水桥、斟酌桥和万点桥。另外，在山塘河南岸还有同善桥、 引善桥等多座桥梁。如今，这些桥梁有的已仅存地名，有的为了适应现代交通需要被重修，留存的通贵桥、星桥、普济桥、青山桥、绿水桥等几座古桥，大多为清代修建或重建。

通贵桥

通贵桥位于山塘街东段，跨山塘河，为花岗岩质单孔石拱桥。桥始建于明弘治年间，历代重修，现存桥梁为清乾隆五十三年（1788）重修，光绪六年（1880）

通贵桥

再修。桥长约 19 米，宽约 2.3 米，跨径约 7 米。“通贵”之意为贵人通过之桥，据清初苏州人顾公燮《丹午笔记》云：“山塘吴文端公一鹏与菩提庵前郭方伯某友善，朝夕过从，造桥以便往来，名曰通贵。”由此可见，这里指的贵人为居住在桥南的吴一鹏和他的友人。桥上石栏上刻有“光绪六年九月吉旦”“虎邱清节堂昌善局募资重修”字样，桥洞孔内刻有“放生官河”字样，表明山塘河属于官河，可在这条河里放生鱼、虾等，并严禁捕捉。

星桥

星桥位于山塘街中段，跨山塘河，为花岗岩质单孔石拱桥。该桥始建于宋代，明清历经重修，现存桥梁为清同治五年（1866）重修。星桥之名有两种说法，一是新桥之谐音，一是建桥石材为陨石。桥长约 26 米，宽约 2 米，中孔净跨约 8 米。栏板中间书“星桥”两字，孔内北侧也刻有“放生官河”字样。

“放生官河”字样

星桥

普济桥

普济桥西临五人墓，东倚报恩禅寺，跨山塘河，建于清康熙四十九年（1710），是山塘河上现存唯一的一座三孔石拱桥。桥身为花岗岩质，南北走向，拱券纵联分节并列砌筑。桥长约 38 米，中孔净跨约 9 米，矢高约 4.3 米，桥面中宽约 4 米。东西两面明柱刻有桥联，东为“东望鸿城，水绕山塘连七里；西瞻虎阜，云藏塔影立孤峰”；西为“北发塘桥，水驿往来通陆墓；南临路轨，云车咫尺到梁溪”。孔内也刻有“放生官河”字样。

普济桥和引善桥

青山桥、绿水桥

青山桥和绿水桥为一对姊妹桥，位于山塘街西段义风园五人墓和普福禅寺旁，青山桥在东，绿水桥在西，两桥外观相似，均为单孔石板石栏平桥。古时半塘寺以西一带称“云霞水竹，畎亩陂池，塔影钟声，与茅屋炊烟相映带”，桥当其处，山清水秀，桥名源于此。

青山桥又名白云桥，始建于宋，历代不断重修，现存桥为清同治五年（1866）重建，1986 年又修。桥为石板桥，桥跨度约 2.3 米，宽约 3 米，长约 3.5 米。陈基有《青山桥即事》诗云：“两情如水水如环，柳外春桡数往还。招手渡头人不见，二分新月近青山。”

青山桥

绿水桥

绿水桥又名普福桥，位于青山桥西，始建于宋，历代重建，清嘉庆三年（1798）和同治五年（1866）重修，1985 年又重修。绿水桥的外形规制大小和青山桥相差无几。诗人任兆麟《过绿水桥》诗云：“花事晴暄绿水桥，画楼红袖倚吹箫。春风不管离水恨，依旧青青到柳条。”

Tips：

- 山塘的桥全天都可以参观，但一早一晚是最好的时间。
- 坐船穿过通贵桥、星桥和普济桥，桥底都有“放生官河”的题刻。
- 普济桥是山塘河上唯一的一座三孔石拱桥。

七狸传说

关于山塘河上的古桥还有"七狸山塘"的传说，相传山塘河下有一条大白龙，是张士诚的龙脉，朱元璋的军师刘伯温为了镇住这条白龙，设置了七座石狸猫在山塘河上的七座桥旁。这七只狸猫为上古神兽，有千斤巨锁之力，合力捆住了白龙，使得大明王朝可以世代相传下去。

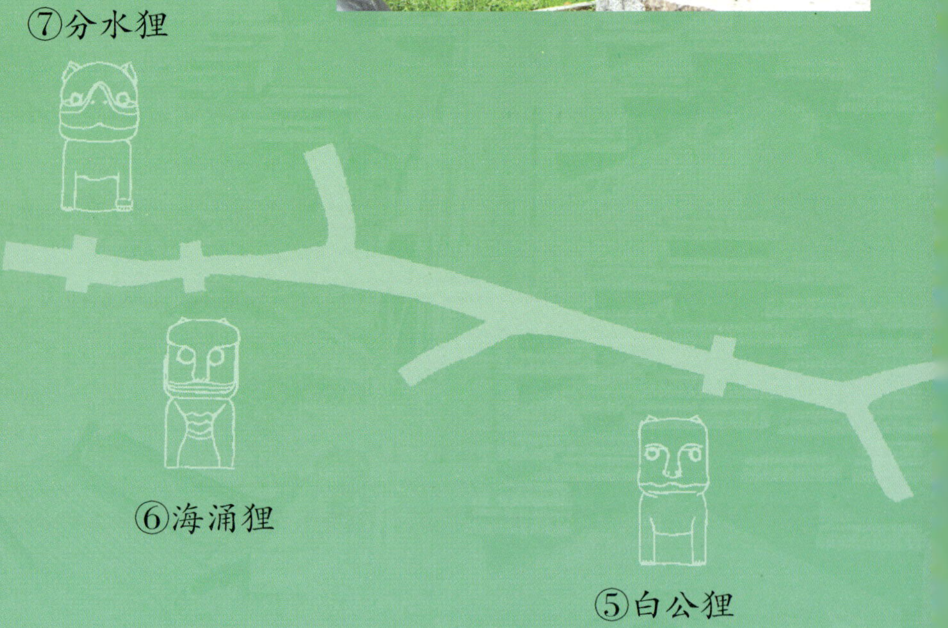

狸	桥	打卡
美仁狸	山塘桥	
通贵狸	通贵桥	
文星狸	星桥	
彩云狸	彩云桥	
白公狸	普济桥	
海涌狸	望山桥	
分水狸	西山庙桥	

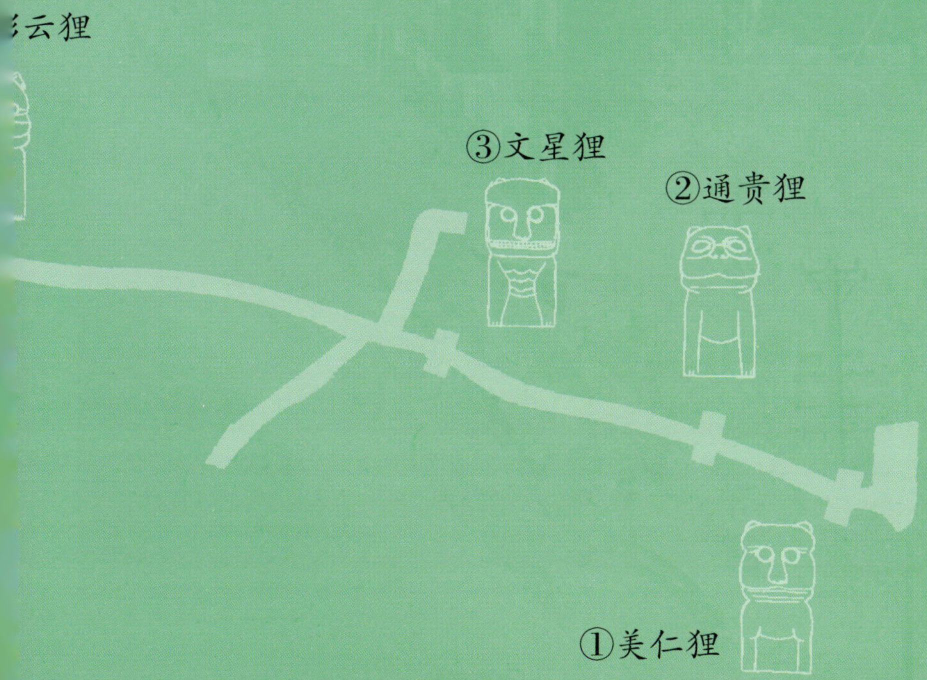

山塘的会馆

文物古迹 · 古建筑

处处楼前飘管吹，家家门外泊舟航。

明清时期，苏州已经成为东南沿海经济和文化中心，大运河畅通了南北的货物往来，各地商帮在苏州也兴建起会馆、公所，顶峰时有 200 多所。山塘七里长街，商铺林立，万商云集，百货充溢，也是会馆最为集中的区域。清康熙之前，山塘就有 13 所会馆，经过数百年变迁，今天山塘还保存下来的会馆仅山东会馆、陕西会馆、岭南会馆、汀州会馆等几处，建筑多不完整，只能从一些遗存中一窥过去的繁华。

山东会馆

山东会馆，原名东齐会馆，系胶州、青州、登州三地旅苏商人于清顺治年间创建，乾隆年间重修，咸丰十年（1860）毁于兵火，现存头门门墙、旧屋和碑刻两通。

山东会馆

头门两侧墙面高约 8 米，通体斜贴磨细方砖，瓦檐下有成排砖雕斗拱，拱眼壁透雕花卉尤为丰富且精致，有牡丹、芍药、秋葵、兰、梅、桃、荷、竹、松等，阑额上还有牧马、鹿、猴等，值得细细欣赏。

会馆前山塘河北岸有一码头，可以想象当年商船过往、停靠之景象。

岭南会馆

岭南会馆，为广东商人在明万历年间所建，是苏州最早设置的会馆之一。岭南会馆头门为三开间，五山屏风墙、硬山顶，门额上书写“岭南会馆”，另有“同治乙丑孟春”“里人何焕然书”等字样。

岭南会馆头门曾经被金阊区山塘小学使用，目前被列为苏州市控制保护建筑，作为商业场所使用。

岭南会馆

汀州会馆

汀州会馆，原址在阊门外上塘街，为福建省汀州府商贾集资，于清康熙五十七年（1718）建立，光绪年间（1871—1908）重建，2003年整体搬迁到山塘街。

会馆坐南朝北，头门及戏台已废，仅存仪门、大殿及两廊。大殿面阔五间17米，进深七檩13米，硬山顶。扁作梁，前有船棚轩，外檐列桁间斗拱，额枋刻双龙戏珠。

如今，这里被辟为苏州商会博物馆且免费开放，展示苏州商会发展的历史。

汀州会馆

吴县县商会雕塑

陕西会馆

陕西会馆，又称全秦会馆、陕甘会馆和雍凉公墅。会馆由陕西商人于清乾隆二十年（1755）始建，二十六年完工，主要供陕西同乡商人聚会、祭祀、交流、存物和寄宿所用。

会馆原有殿宇楼阁、山水园林，现仅存偏殿三间，另有明代青石覆盆式大殿柱础四只。会馆门墙则是新迁修复，牌楼门上有精美的磨砖雕刻，檐下饰磨砖斗拱，秀雅中透露沉厚。门楼贴面采用大幅砖雕梅兰竹菊，门楼正中有“敦乡睦里”等字样。

陕西会馆在 1958 年被用于建立金阊化工厂，后又成为第二橡胶厂厂房，现在内部为学校使用。

复建的陕西会馆门楼

Tips：

- 坐船可以获得山东会馆、陕西会馆带有码头的拍摄视角。

五人墓

文物古迹 · 古墓葬

千秋忠介坟，鬼雄誓相赴。

在人们的印象中，吴人的性格就像吴地的水一样柔软，温婉而随和。但实际上吴人骨子里还有十分刚毅的一面，从先秦时期的要离、干将、莫邪，再到明代末期五位慷慨赴死的义士，都体现了吴人“轻死易发”的一面。尤其是明末五位义士的故事，为后世传扬，五人之墓也被安葬在山塘，供世人祭祀拜谒。

山塘河畔的五人墓（义风园）

明天启四年（1624），苏州地区遭遇大雨，很多农田颗粒无收，但朝廷的苛捐杂税却有增无减。苏州地区是明朝最为重要的丝织品产地，形成大量的作坊和机户，有大量的产业工人群体。面对这样的难忍局势，机户首先罢织，造成上万的产业工人失业，局势紧张。以魏忠贤为首的东厂太监把持朝政，趁机打击异己，污蔑东林党人周起元、周顺昌煽动机户罢工，予以迫害。天启六年，当魏忠贤所派缇骑到苏州逮捕周顺昌时，苏州人民激于义愤，云集不下万人，拥进官衙痛打缇骑，并抗议加派捐税，掀起了一场声势浩大的抗暴斗争。后魏忠贤诬陷苏州人民谋反，欲派兵镇压，颜佩韦（商人，为人爱打抱不平）、杨念如（阊门外卖估衣）、沈杨（牙行）、马杰（练武玩棒）、周文元（周顺昌轿夫）五人为保护群众，主动站出来承担“罪责”，慷慨赴死。临刑时，五义士相顾笑谈，痛骂魏忠贤。五人就义之后，苏州当地正直之人不顾危险，凑足五十两银子向行刑的刽子手买回五义士首级，缝合尸首，暂时埋在郊外。

五义士就义的次年，崇祯皇帝即位，阉党覆灭，魏忠贤畏罪自杀。苏州百姓把魏忠贤的“生祠”拆毁，葬五人义骨于此，立碑大书“五人之墓”。复社领袖张溥有感于五义士“激昂大义，蹈死不顾”的英雄气概，撰写了《五人墓碑记》，赞扬五义士的高风亮节，成为不朽名作。

五人墓原已荒芜不堪，1956 年和 1981 年进行了两次大的修缮，加砌墓冢护壁，修享堂，构围墙，植松柏，还移建饮马桥附近一座清代厅堂至此，取名为“义风堂”，并增建长廊。

五人墓墓门朝南，前临山塘河，壁嵌《五人墓义助疏》碑。门后立双柱石坊，坊额“义风千古”字额为杨廷枢所书。过石坊是享堂，面阔三间，进深六架。明间立“五人之墓”碑，高约 2 米，1981 年整修时自墓门移至此处。东次间立《五人墓碑记》石刻和清代书条石 10 块，堂后即五人墓冢，一字横列，围以条石，东西长约 16 米，南北宽约 6 米，高约 1.3 米，正面嵌五人名碑。

五人墓旁还有明代义士葛成之墓，不远处还有从甘露律院遗址发现并迁移至此的白公堤石幢。

“五人之墓”碑

五人墓墓冢

葛成墓

葛成墓

葛成墓冢坐东朝西，长方形，四周以条石围护，东距五人墓冢仅 2 米，基碑所刻“有吴葛贤之墓”为文震孟所书，立于崇祯三年（1630），1981年进行维修。

葛成是苏州的丝织工人，早在明万历二十九年（1601），反抗太监孙隆在苏州横征暴敛，带头焚毁税官居室，杀死税官黄建节等人，吓得孙隆逃窜到杭州，一时大快人心。后来朝廷派兵镇压，葛成挺身而出，被关押 13 年。出狱后，苏州人民敬其为神圣，尊称为葛贤、葛将军。老年葛成敬仰五义士之高义，为其守墓，崇祯三年病殁，众人将其葬于五人墓之西侧。

白公堤石幢

白公堤石幢，由基座、幢身、幢顶三部分组成，通高 3.16 米，宽约 1 米。幢身除了正面镌刻《重修白公堤记》之外，背面上镌木铃和尚所画线描大势至菩萨像，下刻木铃长跋八行及捐助修堤功德人申时行、张凤翼、文震孟、冯时可、刘弘道等千余人姓名。左侧面为五百罗汉线描像，题刻“弟子周廷策拜写，木铃衲子勒石”。右侧面镌薛明益所画寒山、拾得像，上方有陈元素和薛明益所书寒山子诗。幢顶中心立雕弥勒佛坐像，四边各浮雕坐佛四尊。石幢造型独特，雕刻精致，内容丰富，撰文、书丹、画像、题诗及捐助修堤者多为当时吴中名士，是珍贵的明代遗迹。

白公堤经幢

1982 年苏州市文物普查时，在绿水桥畔的甘露律院遗址发现了此石幢，碑文叙述明万历三十八年至三十九年（1610—1611）重修白公堤的经过，是记载白公堤和山塘街历史的重要物证，极具历史价值。

《重修白公堤记》

七里山塘

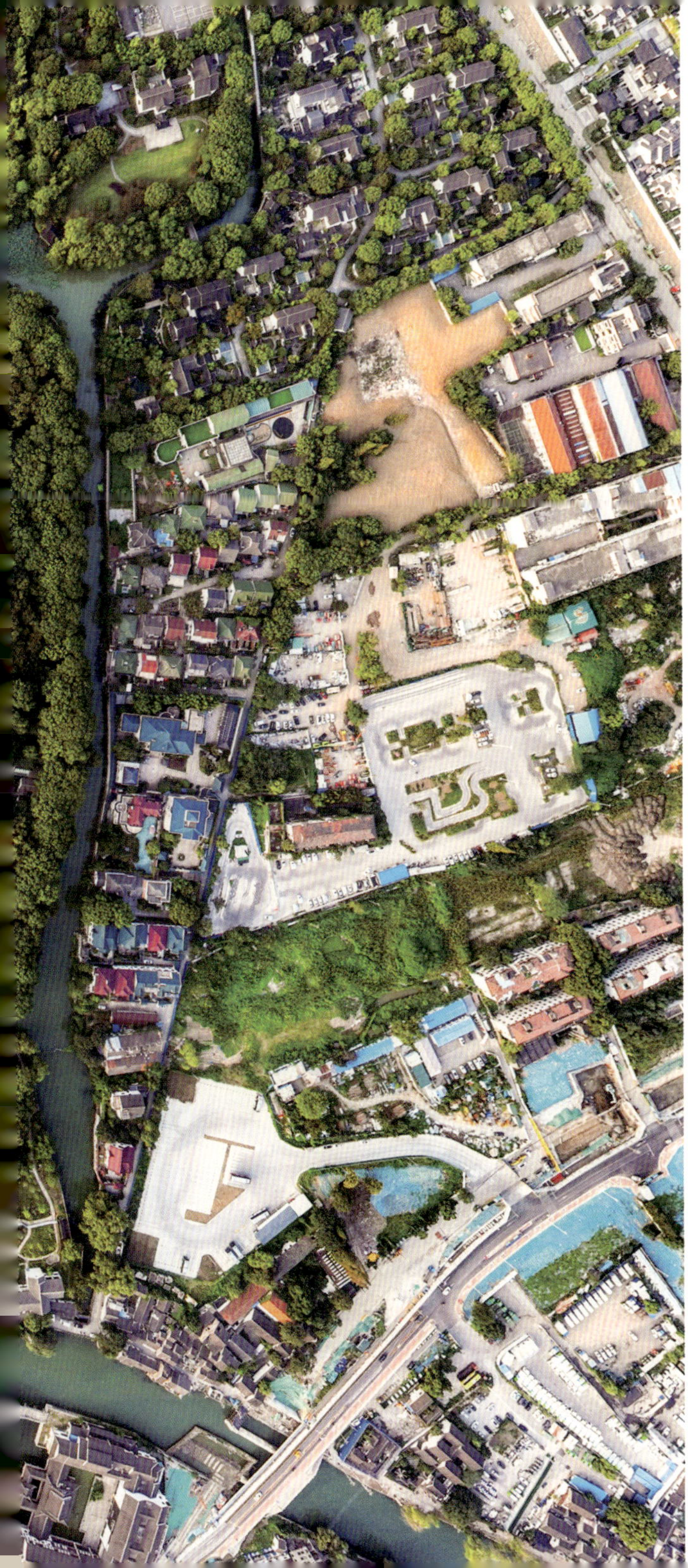

虎丘胜境

虎丘山位于苏州古城西北角，有2500多年的悠久历史，有“吴中第一名胜”“吴中第一山”的美誉。据记载，吴王阖闾葬于此，传说葬后三日有“白虎蹲其上”，故名虎丘。

虎丘山上的云岩寺塔矗立在大运河畔千年有余，是大运河苏州段重要的航标建筑。千百年来，南来北往的过客未到苏州就从远处望见该塔，它已经成为苏州这座历史文化名城的重要标志。

断梁殿

文物古迹·古建筑

山门夜寂寥，月冷剑池碧。

由头山门进入虎丘景区，经过海涌桥便是一座黄墙黑瓦、古色古香的建筑——断梁殿，俗称“二山门”，又名梁双殿。该殿初建于唐代，现存为元至元四年（1338）重建，历代进行维修。

所谓“断梁”，是正脊脊桁（俗称正梁）使用的材料不是一根整木，而是用两根原木拼接而成，形似“断桁”，结构之特殊，体现了古代苏州建筑工匠的智慧。关于断梁，民间有元朝皇帝故意难为苏州香山工匠之传说，实际上并非如此。

隋唐之后，大木原料越来越少，古代建筑工匠运用力学原理使用较小的木材构建拥有大空间的殿宇。“断梁”的做法，在中国木结构建筑转折发展的宋元时期并不少见。除此之外，这座建筑还有一些宋元时期的风格，比如梁架内部四角的“棋盘格”。

断梁殿

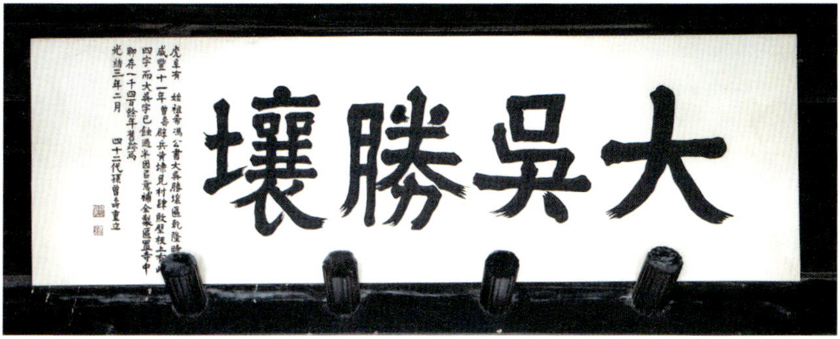

“大吴胜壤”牌匾

殿内现存“大吴胜壤”和“含真藏古”两块匾额。“大吴胜壤”即形容吴中形胜之地。该匾额之字原为1400多年前南朝史学家顾野王所书，清乾隆时期遗失。咸丰十一年（1861）顾野王四十二代孙顾曾寿因避太平天国战乱住在黄埭，见村肆壁板上有“大吴胜壤”四个大字，大吴两字已经侵蚀过半。后来顾曾寿将其临摹补全，并于光绪三年（1877）重新制作匾额悬挂于虎阜禅寺内。

断梁殿“断桁”处

棋盘格

“含真藏古”匾额系1985年苏州筹办建城2500周年之际，邀请时年93岁高龄的学者梁漱溟书写。含真藏古是东晋时期顾恺之在《虎丘序略》所写，描述虎丘山水既有自然的真趣，又蕴藏人文古意。

除了匾额之外，殿内外还保存元明时期的石碑4座，分别为元代的《虎丘云岩禅寺兴造记》和明代的《虎丘云岩禅寺重修记》《苏郡虎丘寺塔重建记》《敕赐藏经阁记》。这些碑刻翔实地记录了断梁殿的建造和维修，包括元代重修和明代维修等信息。

断梁殿与虎丘塔

苏州四座宋元时期的木结构建筑

玄 妙 观 三 清 殿

年代：南宋淳熙六年（1179）

形制：重檐歇山顶，面阔九间，进深十六架

地址：姑苏区观前街

轩 辕 宫 正 殿

年代：元至元四年（1338）

形制：单檐歇山顶，面阔三间，进深八架

地址：东山镇杨湾古村北

云 岩 寺 断 梁 殿

年代：元至元四年（1338）

形制：单檐歇山顶，面阔三间，进深四架

地址：姑苏区虎丘景区内

斜 塘 土 地 庙 工 字 殿

年代：南宋

形制：单檐歇山顶，面阔三间，进深四架

地址：苏州工业园区斜塘街道

虎丘剑池

文物古迹·石窟寺及石刻

假虎丘，真剑池。

虎丘剑池位于虎丘风景区内，云岩寺塔南坡一人工开凿的石壁之下，南北向，北窄南宽，终年积水不干。

据史料记载，吴王阖闾死后葬于虎丘山下，关于剑池和阖闾墓有几种说法。一种说法为剑池底部便是阖闾墓的入口，而剑池便是铜剑陪葬之所。另外一种说法是剑池本身就是阖闾墓的墓穴，因早年被盗空形成一个凹槽，长期积水而成。

早在秦朝和三国时期，秦始皇和孙权都曾派人寻找阖闾的墓葬。明正德七年（1512），剑池的水干涸，在池底部发现类似墓门的石板。2008 年 6 月，文物部门开展清淤工作，虎丘剑池底部又一次“重见天日”。至于底部到底是吴王阖闾墓的墓门，还是曾经盗掘所留下的痕迹，目前仍没有确切的结论。

剑池周围有很多摩崖石刻，池东侧峭壁上有“风壑云泉”四个大字，相传为宋代书法家米芾所书；西侧有“剑池”两个篆体大字，为元代书法家周伯琦所书。

虎丘剑池

“虎丘剑池”石刻

元代书法家周伯琦书“剑池”篆字

千人石与二仙亭

在剑池南侧圆门入口外东侧石壁之上有四个擘窠大字“虎丘剑池”，银钩铁划，气势磅礴，菘以红色，分外醒目。关于这四个大字，有“真剑池，假虎丘”之说，其中缘由就记录在“虎丘”二字旁的一篇楷书短文中，大意为：明代之前的

“虎丘剑池”四字为唐颜真卿所书，但因“虎丘”二字漫漶剥蚀，所以在户部官员马之骏主持下，于万历四十二年（1614），由章仲玉钩摹补笔。

“虎丘剑池”东侧有二仙亭，初建于宋代，清嘉庆年间重建。所谓“二仙”，为两位道教神仙，一是吕洞宾，一是陈抟。相传二仙亭是吕洞宾和陈抟下棋的地方，石柱上刻有两副对联。第一副是“昔日岳阳曾显迹；今日虎阜再留踪”，讲的是吕洞宾行踪。第二副对联是“梦中说梦原非梦；元里求元便是元”，讲的是睡仙陈抟老祖虚实相生的意境。

生公讲坛

二仙亭前为一空旷场地，有一块巨大的岩石，上可坐千人，称之为“千人石”。关于此石有两种传说。其一为吴王阖闾死后，夫差将造阖闾墓的工匠千人戮杀于此，鲜血染红了石头。另一种说法为南朝梁代高僧生公曾经在这里讲法，众人来听，因而得名。

Tips：

- 尝试从二井桥的井里往下拍摄剑池，角度比较特殊。
- 虎丘有时候会举办“曲会”，二仙亭是重要的表演地点。

云岩寺塔

文物古迹 · 古建筑

百丈寒岩塔，孤蓬倦客船。

古往今来，人们沿大运河行船，只要看到伫立在虎丘山上的塔，就意味着快到苏州城了，于是就有了“先见虎丘塔，后见苏州城”之说。虎丘山上的这座塔就像一座灯塔，指引着远到的客人和归来的游子。

这座塔就是云岩寺塔，俗称“虎丘塔”，是苏州城市的标志。塔建于五代末期的后周显德六年（959），落成于北宋建隆二年（961），为八面七级楼阁式砖木套筒结构佛塔。

塔现高约 47 米，由下而上逐渐收分，曲线轮廓造型十分优美。所谓套筒，是指塔由 8 个外墩和 4 个内墩支撑，塔内有两层塔壁，其间有内回廊。内墩中间有方形塔心室，四周形成十字形走道与内回廊相连。外墩间有 8 个壶门与平座，形成塔外的回廊。由于历代火灾损毁和风雨侵蚀，塔顶和木质外檐及平座已经荡然无存，砖石裸露在外。这也给我们错觉，以为这是云岩寺塔的原貌，其实不然，最初的云岩寺塔外观应该和同时期的瑞光塔类似，塔身之外都有伸出的屋檐和平座回廊。

虽然云岩寺塔损毁残缺，但其结构和细节体现了唐末五代时期的风格，是早期南方楼阁式砖塔的代表之作。唐代楼阁式塔多为方形，要么实心，要么为单筒结构，以西安

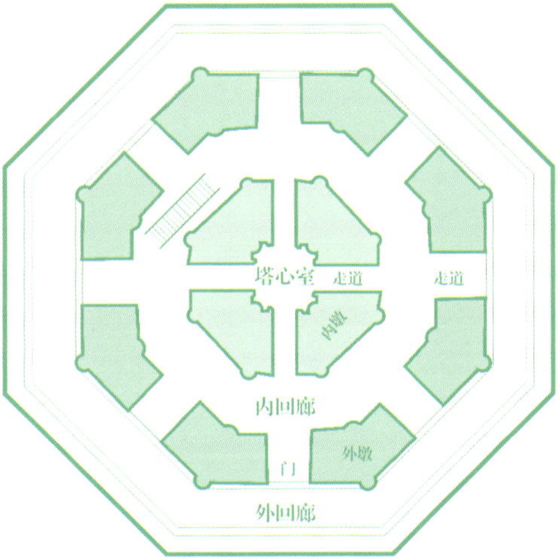

云岩寺塔第一层平面图

大雁塔为例，按照塔型砌筑厚墙，中间为空心，在空心筒内构筑木楼板和木楼梯以方便登临。云岩寺塔则是内外两个筒状结构，通过回廊的连接相互支撑，更加稳固。塔中心每层均有塔心室，用作供奉佛像。

云岩寺塔

塔顶细节

第一层回廊顶部彩

塔身约

云岩寺塔

由于地基沉降原因，塔身向北倾斜达 3.5°，角度仅次于意大利的比萨斜塔，有“世界第二斜塔”之称。云岩寺塔自建成后，元、明、清历经修缮，其中明末修缮第七层时，特别就塔身偏移将第七层的重心进行调整。

1957 年，文物部门对塔进行了整体加固维修，防止塔体崩塌。在修缮过程中，在塔第三层夹层内发现石函、经箱、铜佛、铜镜、小木塔、石佛龛、越窑莲花式托盏等大批珍贵文物，现存于苏州博物馆，分别在本馆和西馆展出。

发现的文物中有两尊铜十一面观音像，两尊大体相同，身体均呈 S 形。观音像立于束腰莲花台上，一脚向侧前略伸，身穿天衣，一条飘带轻轻搭在右手上，左手持一宝瓶。全身配有璎珞、耳珰、颈饰、胸饰、臂钏、腕钏等各种珠宝佩带装饰，一条珠链从项颈处斜长至足背。

五代越窑莲花式托盏　苏州博物馆（本馆）藏

铜十一面观音像　苏州博物馆（西馆）藏

苏州城内的其他古塔

报恩寺塔

年代：南宋

形制：八面九级楼阁式砖木结构

地址：姑苏区人民路 1918 号

瑞光塔

年代：北宋

形制：八面七级楼阁式砖木结构

地址：姑苏区盘门景区内

甲辰巷砖塔

年代：宋

形制：八面五级楼阁式砖塔结构

地址：姑苏区甲辰巷市桥头 10 号

罗汉院双塔

年代：北宋

形制：八面七级楼阁式砖塔结构

地址：姑苏区定慧寺巷 22 号

概　述

本线路分为两段，第一段从阊门出发沿山塘街向西北到达虎丘，第二段是虎丘景区内的参观线路。

阊门到虎丘步行约 3 千米，中间有多处文化遗产和景观，建议花上 2 个小时漫步。中午到达虎丘，吃个午餐稍作休息，进入虎丘景区参观。建议参观时间 1 小时。

参观完毕之后可沿原路步行返回，也可以在虎丘头山门码头乘船返回白居易码头。

注　意

阊门附近的白居易码头可选购“游船 + 虎丘”的景点联票，即可乘船前往虎丘，并在虎丘码头上岸。

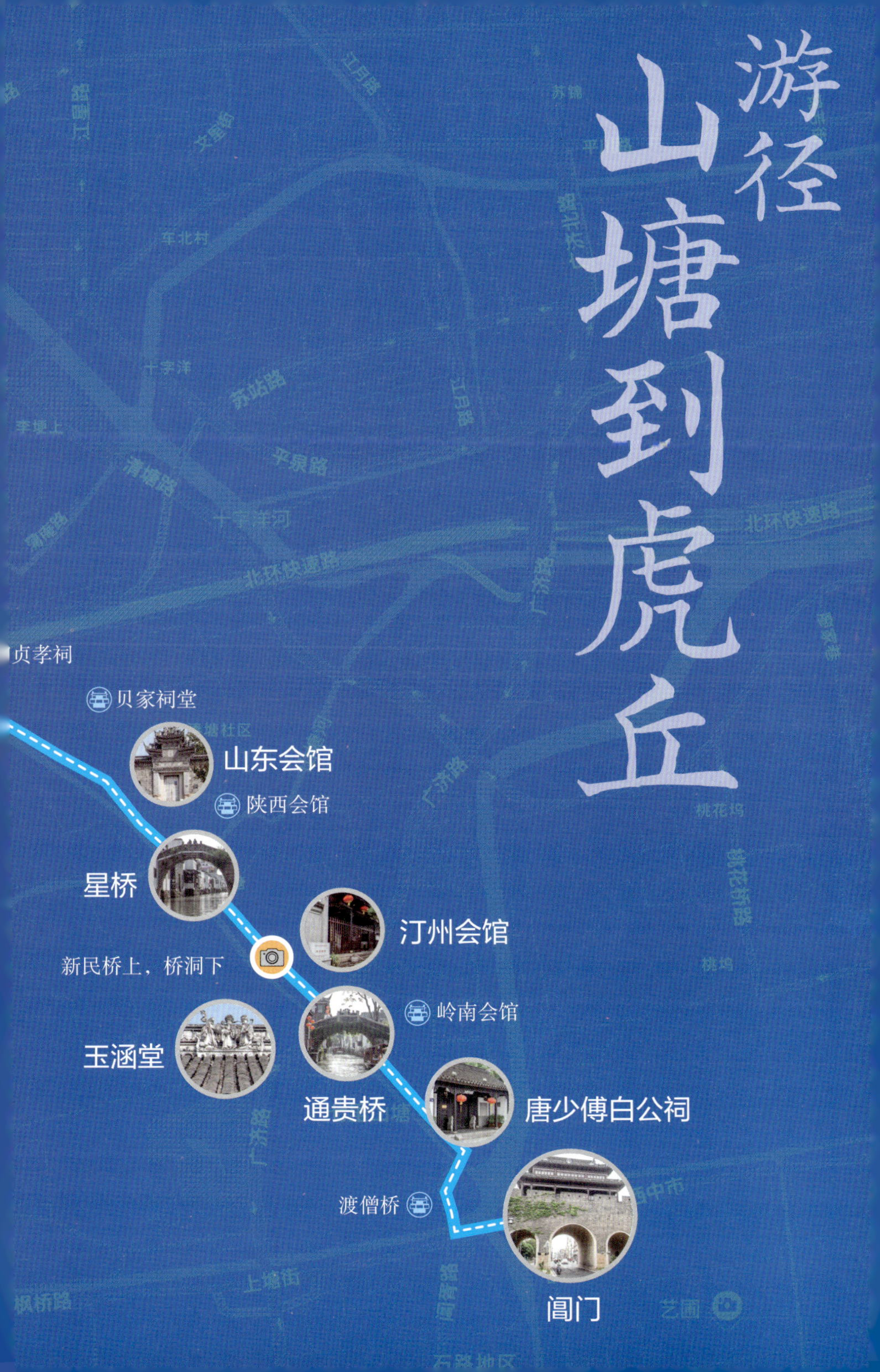
山塘到虎丘
游径
贞孝祠
贝家祠堂
山东会馆
陕西会馆
星桥
汀州会馆
新民桥上，桥洞下
岭南会馆
玉涵堂
通贵桥
唐少傅白公祠
渡僧桥
阊门
北环快速路
苏站路
平泉路
桃花坞
上塘街
枫桥路

循故道，穿越漕运千秋

月落乌啼霜满天，江枫渔火对愁眠。

姑苏城外寒山寺，夜半钟声到客船。

——唐·张继《枫桥夜泊》

枫桥，横跨于大运河苏州段重要河段上塘河之上。“枫桥夜泊”是苏州“运河十景”之一。枫桥，成为许多人对苏州城和大运河苏州段懵懂而美好的初识。

有人说，枫桥是一座“因诗而起、因河而兴”的桥，运河之水，千古文脉，让这座桥闻名遐迩。这座桥也让大运河和历史上那些关于这里的碎玉零玑变得家喻户晓、流传千载。

隋唐时期，大运河由望亭进入苏州地区，经浒墅关直达枫桥。从那时起，枫桥就是大运河苏州段的一个重要交通口岸。

枫桥，原名“封桥”，古时这里既是运河的主要码头口岸，又是古驿道必经之路，自建成之始，不仅成为商旅的重要中转站，也是军事上的咽喉地段。每当漕粮运输时节，河道、城门都会戒严封锁，故而得名。

明清时期，枫桥是全国最大的米豆集散地，有“枫桥塘上听米价”的说法。枫桥米市诞生的枫斛，成为全国度量器具的标准。围绕着枫桥，渐渐形成了一座因商旅云集而闻名的镇甸。大运河、古驿道、枫江在这里交汇，漕运时节，河段上百舸争流，商旅云集，格外热闹。

在很多人的印象里，苏州是一座柔美风流的城市，但却忽略了当年吴王阖闾建都于此，更深远的意义在于军事。如果你想体会这座城市坚毅、刚强的一面，枫桥一头连着的铁铃关是一处不容错过的地方。

明嘉靖三十六年（1557），巡按御史尚维持为抗御倭寇窜扰苏州城，创建敌楼三处，分别在木渎镇、葑门、枫桥。这三处敌楼，构成了苏州城外围的防御体系，“一夫当关万夫莫开”，让倭寇止步于苏州。而今，铁铃关是唯一遗存下来的敌楼，依稀还能看到当年“方广周十三丈有奇，下垒石为基，中为三层，上覆以瓦，旁置多孔”的样子。

“吴门望亭”也是苏州“运河十景”之一。望亭位于苏州与无锡两个城市的交界之处，恰好又处于太湖和大运河的交汇之处，曾经有着“运河吴门第一镇”的美誉。望亭得名于唐代，和枫桥一样，望亭也是一处因诗闻名的名胜。唐代的望亭，已经是大运河上的一处繁华富足的地方，“灯火穿村市，笙歌上驿楼”。白居易曾在这里写下了著名的《望亭驿酬别周判官》。

位于望亭与枫桥之间的浒墅古镇，与商贸的关系更加鲜明，一度有“江南要冲地，吴中活码头”之美称。

为了确保税收来源，明廷在航运路线上设置专门机构，对舟船及其运载的商品和货物收税，明代运河七大钞关之一就在浒墅。附近还有明清时代的重要驿口三里亭与十里亭，因距离浒墅关三里与十里而得名。

“今人不见古时月，今月曾经照古人”，诗中有画，画中有诗，这大概就是这段大运河故道留下的最深印记。“岐亭酒罢不忍别，二百余里来姑苏”，千年往事如飞鸟，唯有这一湾碧水，两架古桥，傲立苍穹下，俯仰岁月流，笑看兴亡盛衰，感慨际遇离合。

望亭至枫桥段运河沿线重要文化遗产分布示意图

月落烏啼霜滿天江楓漁
火對愁眠姑蘇城外寒山
寺夜半鐘聲到客船
楓橋夜泊

枫桥夜泊

安史之乱后，诗人张继避乱南下途径寒山寺，通过自己所见所闻，将月落乌啼、霜天寒夜、江枫渔火、寒山钟声写入千古绝唱《枫桥夜泊》之中，从此枫桥（封桥）和寒山寺声名远扬。

千百年来，寒山寺的钟声不断，枫桥和江村桥畔渔火依旧，大运河文脉绵延不绝。

铁铃关与枫桥

文物古迹 · 古建筑

月落乌啼霜满天，江枫渔火对愁眠。

铁铃关位于枫桥东侧，是建于明代中后期的一座关隘，用于防范倭寇。枫桥则是横跨运河旧河道上的一座著名的桥梁，一首《枫桥夜泊》在唐代的时候就让其声名远扬。

铁铃关

明嘉靖年间，东南沿海倭寇为患，甚至流窜到苏州、南京附近。嘉靖三十六年（1557），朝廷在苏州城郊设防，铁铃关便是其中一座。因靠近枫桥，又被称为枫桥敌楼。初建的铁铃关垒石为基，砖砌城台，台上三层城楼，左右列火炮数门。倭患之后，其防御功能降低，至清道光年间改城楼为“文星阁”，祈求文风昌盛。后楼阁逐渐损毁，城台上雉堞、女墙皆无存。1986 年维修时增加雉堞、女墙，加固拱门，重建城楼为单层歇山顶建筑。

铁铃关坐东朝西，枫桥在其西，从西往东需先经过枫桥再进入铁铃关关门，一夫当关，万夫莫开。关门内左右壁还有大小拱门各一，内部有存储室用于存放兵器弹药，还设置登关阶梯直达城台。

枫桥位于铁铃关关口，初建时间不详，现桥为清乾隆三十五年（1770）重建，咸丰十年（1860）毁于太平军和清军之战，同治六年（1867）重建。桥为单孔石拱桥，长约 40 米，宽约 5.7 米，跨度约 10 米，孔内采用纵联分节并列砌筑。

枫桥

枫桥本名“封桥”，因唐代诗人张继的《枫桥夜泊》而闻名天下，故称“枫桥”，但千百年来地理环境的变迁，枫桥是否在原来张继所经过的封桥原址已难以考证。1958 年之前，大运河南北向经过枫桥和江村桥再向南在彩云塘汇入胥江，由于运力增加，河道狭窄，当时进行了一次“枫桥—彩云桥航道急弯改善工程”。该工程在枫桥以西开挖河道，将主航道西移，不再经过枫桥和江村桥，并且在新老河道之间形成了一个小岛，称之为“江枫洲”。

枫桥往东的水道为上塘河，九世纪以前就形成，是大运河的主航道。枫桥以南的水道为枫江，南接胥江、越来溪，通太湖，自古便是一条南北向水道，十九世纪后成为大运河的主航道。凭借独特的地理优势，枫桥在明清时期一度还是全国性的粮食交易中心，后因太平军和清军在此鏖战而败落，枫桥米市所使用的“枫斛”更是成为全国的标准粮斗。

1949 年 4 月 27 日拂晓，解放苏州的第一枪在枫桥和铁铃关打响，人民解放军势如破竹，从阊门、金门、平门、娄门分别入城，凌晨 6 点 40 分胜利会师于市中心察院场，古城苏州正式宣告解放。

枫桥景区导览

全程 1.2 千米，步行约 20 分钟，建议游览时间 2 小时。枫桥景区免费，寒山寺内收费。

重要景点

1 铁铃关
2 枫桥
3 复原米市
4 惊虹渡
5 张继铜像
6 听钟桥
7 江村桥
8 寒山寺
9 寒山寺塔院

辅助点图示

游船码头
售票处
入口
厕所
出口
最佳摄影点
停车场

起点
终点
（通往阊门码头）
9
8
7
大运河故道
大运河主航道

寒山寺与江村桥

文物古迹·古建筑

姑苏城外寒山寺，夜半钟声到客船。

寒山寺

寒山寺位于枫桥南，运河故道东，是一座始建于南朝萧梁时期的汉传佛教寺庙。江村桥在寒山寺外，横跨大运河故道，是一座单孔石拱桥。

南朝萧梁天监年间，这里就建立了一座“妙利普明塔院”。唐太宗贞观年间，临济宗高僧寒山来此缚茆起居，玄宗时期希迁在“妙利普明塔院”故址创建伽蓝，题额曰寒山寺，为寺之滥觞。寒山寺的声名远播得益于唐天宝年间张继的一首《枫桥夜泊》，南宋绍兴年间还一度称为枫桥寺，今天苏州文庙《平江图》上便刻有枫桥和枫桥寺。一千四百多年来，寒山寺屡遭损毁，也经历了数次法难，屡废屡建。寒山寺现存建筑大多为清代建筑及 1978 年后修缮或重修。

寒山寺建筑群没有按照大多寺庙严格的中轴线布局，并不追求左右均衡，照墙和山门基本是一线相承，后边的大雄宝殿和藏经阁，并不在一条中轴线上；新建的普明塔院，则按南北向中轴线布局。寺中处处皆院，错落相通。

寺门外有一照壁最为引人注目，黄墙上“寒山寺”三个大字，是由浙江东湖名士陶濬宣所写，字体古朴苍劲，给历经千年风霜的古刹增添了庄重感。照壁外还有一块太湖石，上刻有“和合泉”三字，为纪念清雍正年间，被追封为“和合二圣”的寒山和拾得两位住持。

寒山寺北复建普明塔院，在藏经楼后偏北的位置，院内复建了一座仿唐木

寒山寺佛塔

大运河枫桥段

“寒山寺”题字

结构楼阁式佛塔，四方五层。由须弥座台基、塔身、塔刹三部分组成，总高约 42 米，为寒山寺新的标志性建筑。

江村桥位于寒山寺照壁西侧，始建于唐代，清康熙四十五年（1706）当地人程文焕发起募捐重建，同治六年（1867）重修。1984 年苏州市政府再次整修，并列有《重修江村桥记》。

江村桥形制和枫桥类似，东堍有南北侧引桥，长约 38.7 米，宽约 2.4 米，净跨约 10.8 米，矢高约 4.8 米。孔内采用纵联分节并列砌筑，金刚墙两侧设桥联石，字迹漫漶。石桥栏间用砖封砌，顶部镶嵌石板上书“江村桥”三大字，与枫桥相似。站在桥顶，远望枫桥，耳闻寒山钟声，仿佛穿越了千年历史。

江村桥

运河钞关

从枫桥出发，沿大运河故道自东南向西北便可至浒墅关，数百年来浒墅关扼守着苏州的北大门，见证了运河承载的繁荣，也记录了河畔风云变幻的历史。

浒墅关的历史可以追溯到春秋时期，到明朝时，这里设置钞关，是京杭运河沿岸七座钞关之一。今天的浒墅关是一座极具特色的运河小镇，桑蚕业曾经是其重要的产业，蚕种场和桑蚕学校旧址分布在运河两岸，郑辟疆和费达生的故事依旧在这里流传。

浒墅关

文化景观 · 运河小镇

怅望武丘路，沉吟浒水亭。

浒墅关镇位于苏州虎丘区北部，北连望亭，南接枫桥，是苏州的北大门，大运河畔重要的市镇。

浒墅关的“浒”到底是念“虎(hǔ)”音还是念“许(xǔ)”音，这里还有一段故事。相传浒墅关旧称为虎疁，唐朝时改为浒疁，五代时改为浒墅，一直念“虎”音，清代乾隆皇帝下江南经过浒墅关时将镇名误念作“许墅关”，从此镇名中的“浒”字被念作“许”音。

浒墅关的兴起源于明宣德四年(1429)在此设立管理运河南来北往船只运输和税务的钞关，为运河七大钞关之一，因而发展成“吴中第一大镇”，被誉为“江南要冲地，吴中活码头”。浒墅关因运河而兴，是商贸南来北往必经之地，各地的文化和民俗也沿运河传播，在此汇聚和交融，其中桑蚕业便是浒墅关重要产业之一。

大运河浒墅关段

大有蚕种场旧址

1912 年，江苏省立女子蚕业学校在浒墅关镇落成，是中国第一所桑蚕专科学校。1918 年，郑辟疆接任校长后学校发展迅速，成为江浙一带最有名的桑蚕学院。1926 年，在蚕校任教的邵申培与郑辟疆在蚕校南河岸的荒地建成大有蚕种场。当年为丙寅年，又因此地原名虎畴，故以“虎牌”为蚕种的注册商标。

目前，浒墅关有几处关于桑蚕学校和蚕种厂的遗址，包括位于运河东岸的大有蚕种场旧址和永新蚕种场，以及位于运河西岸的苏州桑蚕专科学校傕青楼、西陵堂和天远楼。其中，大有蚕种场旧址被辟为“浒关印象”文化街区，打造浒墅关绿色技术小镇。在文化街区一入口安放了一座铜像，塑造了一对中年夫妻形象。这两位便是江苏省立女子蚕业学校校长郑辟疆和他的夫人，也是著名蚕丝专家的费达生。两人因“蚕丝”结缘，既是志同道合的伴侣，又是风雨同舟的“同心茧”，为振兴中国的蚕丝事业矢志不渝地奋斗了一生。这一切，都融入了大运河流淌的记忆之中。

郑辟疆与费达生像

文昌阁

文物古迹 · 古建筑

云开霄汉远，春入五湖深。

浒墅关文昌阁位于兴贤桥南大运河西岸的土丘之上，是一座始建于明代，用于祭祀掌管文运功名之神，祈求地方文风昌盛的道观。清乾隆帝南巡经过时，赞美其“文昌风桅”，后人据此归其为浒墅八景之首。太平天国和清廷战争期间，由于此处地理位置的重要，被太平军作为营垒，用于驻守和储藏粮草，是扼守大运河的重要关隘。

文昌阁始建于明万历二十三年（1595），阁顶道院被称为“太微律院”。道院香火不断，延续数百年，诗人朱天成有《同吕旭升文昌阁登眺》诗称：“凭高舒望眼，落日满秋山。白草荒原外，青松古寺间。鸥轻狎浪去，鸟倦逐云还。此际谐欢笑，为君一破颜。”道光七年（1827），榷使文祥曾重修文昌阁。

文昌阁大门

大运河畔的文昌阁

清咸丰年间，太平军占领苏州时期，文昌阁成了太平军行辕扼守苏州城的北大门营垒，同时又进行了一次扩充改造，拓宽原放生月牙河床，增筑周围城墙、吊桥等。

20 世纪 40 年代末，文昌阁已无法维持，道人弃道还田。1958 年大炼钢铁期间，城墙雉堞被拆建移作他用，建筑逐渐损毁。

今日文昌阁建筑群大多为 20 世纪 90 年代末重修重建，但也还有一些遗迹可访。文昌阁前后两殿及两厢为清代硬山顶建筑，屋顶还可见到太平天国特有的龙凤纹瓦当和滴水。另外，在文昌殿前院一小亭内有一块刻有清乾隆五十三年（1788）的《重修浒墅关文昌阁记》碑，碑文主要记述了文昌阁修建、重修的过程以及当时的建筑布局。

三里亭与十里亭

文物古迹·古建筑

树爱棠甘，人思召伯。
桥垂柳荫，名继苏公。

浒墅关至枫桥这段运河长二十里，两岸石堤因明嘉靖年间榷关主事董子策和万历年间主事董汉儒两位官员修筑而被称为“董公堤”。当时堤岸车水马龙，花映柳波，有诗描绘“六桥花柳穿明镜，七里楼台映碧溪。何以河干资利涉，往来络绎度轮蹄”。

在董公堤上，现存两座明清时期修建的石亭，一为浒墅关向南三里的三里亭，一为向南十里的十里亭。这两座石亭是大运河浒墅关至枫桥段重要的运河遗存。

大运河畔的三里亭

大运河作为南北交通动脉，两岸修筑有驿站、码头、塘路、渡口、钞关等管理和配套设施，亭也是其中之一。三里亭和十里亭，属于运河塘路旁的路亭，供行人、纤夫遮风避雨休息之用。

三里亭石匾额

三里亭在清乾隆年间由陈玉林创建，本名“于止亭”，“于止”二字源于孔子“于止，知其所止”，是一处方便行人和舟船休息之处。清同治六年（1867）由里人集资重建，当地人为了感恩时任苏州知府的蒯子范，所以亭名就由“于止亭”改为“蒯公亭”。现亭为1997年倒塌后原址重建。

亭东石枋之上有“三里亭”的匾额，左右柱上刻有“树爱棠甘，人思召伯”“桥垂柳荫，名继苏公”的楹联，颂扬了修筑塘路、为民谋福的地方官员。

三里亭

十里亭始建于明代，清乾隆四十八年（1783）毁于暴风雨，乾隆五十年浒墅关权署王宇灿等人捐资重建。20 世纪 90 年代初，因大运河拓宽，将亭西移 33 米，距大运河仅 10 米之遥，亭南为射渎口。

十里亭外观、形制和三里亭相似，亭内有置于龟趺之上高 3 米的青石碑刻一座，为明中期太极殿大学士申时行撰，江西巡抚杨成书，翰林院侍读学士韩世能撰额之《浒墅关修堤记》。碑文记录了大运河浒关段堤岸修建的历史，是研究大运河水工制度的重要文物。

十里亭

运河钞关

明清时期在运河上征收船税的机构称为钞关，运河钞关始创于明宣德四年（1429），规定在南京到北京的运河沿线分为五段进行收税，分别为南京到淮安、淮安到徐州、徐州到济宁、济宁到临清、临清到通州。后来，在江南运河和长江沿线也设置了钞关。到了万历年间，大运河沿岸保留了七所钞关，从北向南依次是：崇文门关（北京）、河西务关（天津）、临清关、淮安关、扬州关、浒墅关（苏州）、北新关（杭州）。

吳門

以诗为名

望亭得名于南朝萧梁诗人庾肩吾"邮亭一回望，风尘千里昏"的诗句，该诗描写了侯景之乱时作者东奔至此，回首西望，百感交集的心情。据顾颉刚《苏州史志笔记》记载，御亭地名可以追溯到秦汉时期的乡亭行政区划，唐常州刺史李袭誉于贞观元年（627）根据庾肩吾诗句将"御亭"改为"望亭"（时属常州府），地名使用至今。望亭在晚唐时除了驿站功能，还形成了集市。

吴门望亭

文物古迹 · 古遗址

邮亭一回望，风尘千里昏。

望亭被称为“运河吴门第一镇”，位于无锡和苏州的交界处，有着近两千年历史。其地西濒太湖，东倚大运河，望虞河自西向东和大运河交汇。在苏锡交界处的运河之上有一座丰乐桥横跨东西，站在桥上向南望，“苏州欢迎您”的标牌映入眼帘，船只过了该桥便进入大运河苏州段望亭境内。

望亭驿历经战乱多次迁址，宋元时期设望亭镇，明代属无锡县，为无锡七镇之一。清雍正二年（1724），望亭划归苏州府，属长洲县六镇之一。

望亭镇现存和大运河相关的文化遗产和文化街区主要有望亭历史文化街区和文化公园、月城遗址，此外还有螺蛳墩和杨柳墩古文化遗址。

大运河望亭段

望亭历史文化街区和文化公园位于大运河望亭镇南岸，复原了御亭、望亭驿等旧址，新建了望运阁、吴门长洲牌坊等建筑。

御亭

望运阁是文化公园的核心建筑，是一座三层的楼阁式仿古建筑，内部用于展示望亭地区与运河相关的史料。阁后是一座四柱三间的牌楼，中间匾额上有“吴门长洲”四个大字。牌坊后便是川流不息的运河，各式船只南来北往，一派繁忙景象。

望运阁

月城遗址也称为望亭城址，位于大运河和望虞河交汇的西南岸。据记载，东汉末年，吴先主孙坚在此设置御亭，东晋咸和三年（328），顾飏监理晋陵军事，讨伐苏峻部将张健，在此修建壁垒。到了明代中期，为了抗倭防寇，重筑月城，辟东、南、北三门，现仅存遗址。

概　述

本线路建议自驾，花费一天的时间，从望亭到枫桥景区，领略大运河故道的风景。

早上在望亭历史文化街区和文化公园转转，打卡“吴门长洲”牌坊和望运阁。中午行至浒墅关吃个午餐，沿运河边走一走，领略下运河小镇的风情。文昌阁在运河西岸，附近有桑蚕专科学校和浒关蚕种场天远楼，对文保感兴趣者可以走走。

枫桥景区是一个免费的景区，也不是很大，走一圈也就二十分钟左右，可以在这里感受张继的《枫桥夜泊》，也可以购票进入寒山寺看看。

注　意

离开文昌阁向南开车几分钟就到了三里亭，这里是一个开放式的景观。从三里亭向南开车十分钟左右就可以到十里亭，但这处文保在物流码头堆放场内，不对外开放。

游径 望亭到枫桥

潘阳村
G312
G312
龙道浜
G2
S228
大有蚕种场
永新蚕种厂
活力岛
白洋湾
2.4千米
三里亭
5千米
白洋湾
十里亭
云岩寺塔
中环西线
7千米
虎丘
山塘
江村桥与寒山寺
铁铃关与枫桥
枫桥镇

走新河，遍赏湖光山色

一川烟草，满城风絮，

梅子黄时雨。

——宋·贺铸《青玉案·凌波不过横塘路》（节选）

说到苏州，怎么能不提横塘？

横塘，悠悠水路长，落在诗画江南，更多了一份灵动与婉约，有许多文人在这里留下了他们的佳作，从而在中国文学史上放射出灿烂光芒。

京杭运河开通之后，横塘的作用变得更为重要。这里是大运河、胥江、枫江、越来溪的交汇点，地势低洼，水网密布。20 世纪 90 年代，向南打通了石湖和澹台湖，开辟了“新河”，横塘一跃成为大运河苏州段重要的转运处，有了新的风貌。

横塘，早在春秋时期就设有驿亭。而今，位于胥江与大运河交汇处的横塘驿站，是苏州的运河十景之一。驿站为古代传递官府文书，以及往来官吏中途歇宿之所。驿站总会有迎来送往，当然也会有诗人用诗歌来表达他们的离愁别绪。比如南宋“中兴四大诗人”之一的范成大，他在《横塘》一诗中写道：“南浦春来绿一川，石桥朱塔两依然。年年送客横塘路，细雨垂杨系画船。”

想当初，这里肯定是驿舍严整，迎来送往，车水马龙。白居易、刘禹锡、韦应物三位我们熟知的“姑苏诗太守”，想必也曾在这里稍事休息，洗去一身疲劳。可惜，这辉煌的运河时代景象已经渐行渐远渐却无，“当时明月在，曾照彩云归”，只有一座彩云桥，连着水中央孤零零的驿亭一座，而两岸是有着万家灯火的林立高楼。“客到烹茶，旅舍权当东道；灯悬待月，邮亭远映胥江”，驿亭上的这幅对联咏怀旧时风光，让横塘驿站在时间的荒原里依然鲜活，为怀古的人留下一方净土。

横塘向南，不远就是石湖。

石湖，相传开凿于春秋战国时期，越人掘溪进兵，凿石开渠以通苏州，故名。石湖自古就是苏州名胜，有着“吴郡山水近治可游，惟石湖为最”的说法。随着新河的开通，石湖也成为大运河苏州水系的重要组成部分。

石湖可分为东石湖、西石湖和南石湖三个湖面，共有吴堤、越堤、石堤、杨堤和范堤五堤横卧于水面之上，桥梁众多，景致壮丽秀美。曾经六下江南的乾隆皇帝评价石湖景致："佳丽江山到处同，惟有石湖乃称最。"

石湖到底有多美呢？仰首，上方山之巅，楞伽塔顶晴空碧；俯身，行春桥下，九环洞内皓月明。在一些文人墨客的眼中，石湖之于苏州，就像西湖之于杭州。

提到石湖，就不能不提到范成大，石湖处处有"范影"。例如，由范成大旧居天镜阁演变而来的渔庄、纪念范成大的范祠、相传为其主持修建的范堤、被其称为"凡游吴中而不至石湖，不登行春，则与未始游者无异"的行春桥……

范成大，自号石湖居士，其许多作品都与石湖息息相关，其中就包括了奠定其宋代田园诗人代表的60首《四时田园杂兴》。范成大不仅以诗闻名，而且写得一手好字，又是中国历史上有名的博学家，在园艺学、地理学、方志学等领域都颇有建树。

"穷则独善其身，达则兼善天下"，晚年的范成大在石湖完成了自己作为政客、文人的升华，那就是隐居。隐居期间，范成大还完成了记录苏州地区地理、风物、民俗的著作《吴郡志》。我们熟悉的诗人陆游和杨万里都是范成大的好友，他们肯定曾一起纵情在石湖的山水里，诗酒酬唱。石湖无疑给他们提供了一个远离政治斗争的温情避风港。

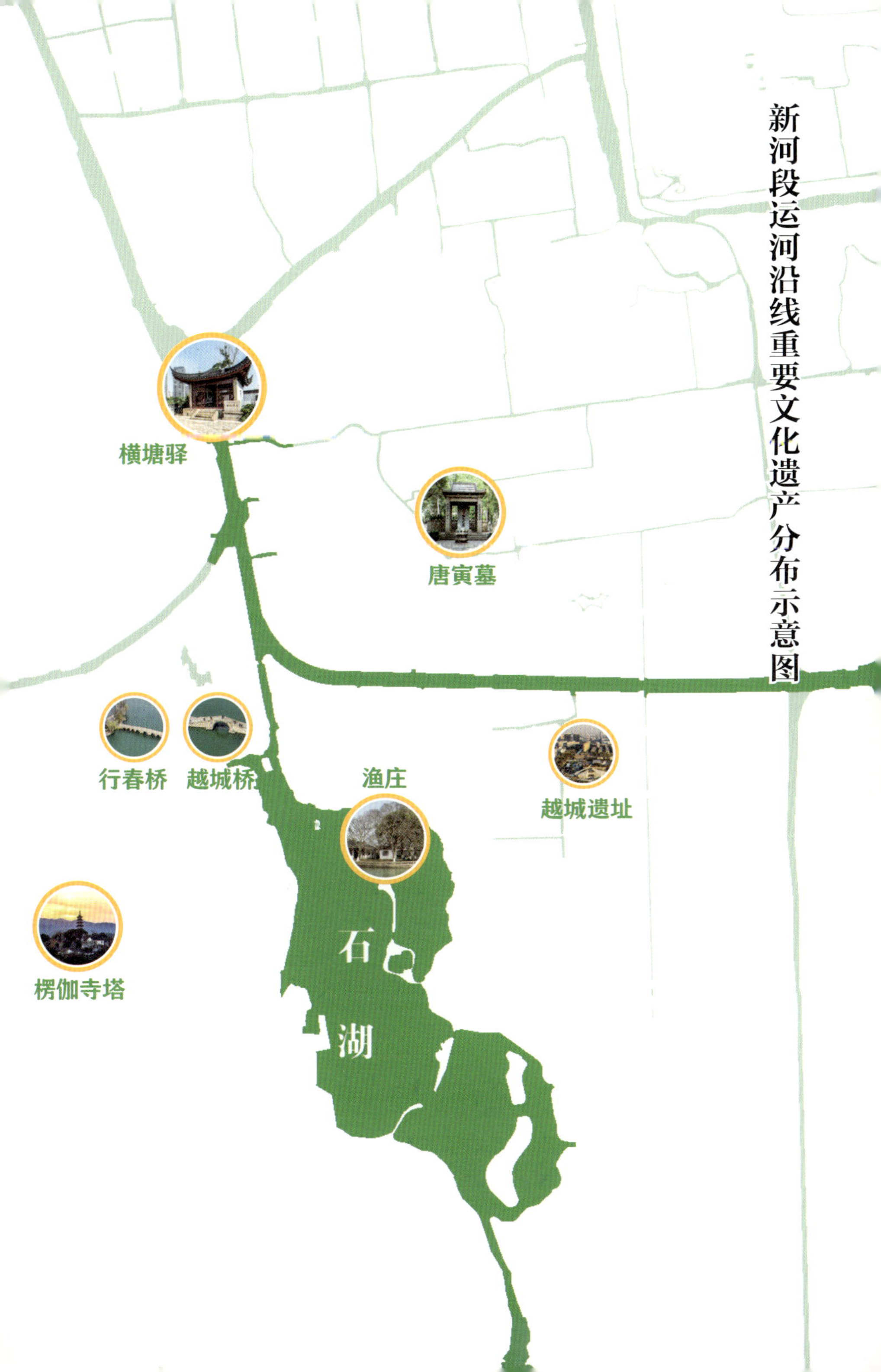
新河段运河沿线重要文化遗产分布示意图
横塘驿
唐寅墓
行春桥
越城桥
渔庄
越城遗址
楞伽寺塔
石
湖

横塘驿站

北宋词人贺铸的"凌波不过横塘路，但目送、芳尘去"、南宋诗人范成大的"年年送客横塘路，细雨垂杨系画船"，两首诗词中描绘了横塘寒烟碧水、离愁别绪的情景，也让姑苏横塘名扬天下。

驿站作为古代传递官方公文途中住宿和换马的场所，是古代传递信息的重要设施。随着时代变迁，遗存下来的古代驿站有横塘驿、盂城驿、鸡鸣驿等几座。

横塘驿站和彩云桥

文物古迹 · 古建筑

年年送客横塘路，细雨垂杨系画船。

横塘驿站位于苏州胥门外十里，胥江和大运河交汇处的一个三角洲小岛上。驿站现在仅存驿亭一座，其余驿站建筑皆无存。驿站前有一座三孔石拱桥彩云桥，横跨胥江之上。实际上这里的地形地貌发生过很大的改变，包括彩云桥也因航道拓展改变过方向。

驿亭只是驿站的一小部分，横塘驿站在历史上因战火毁坏，现存的驿亭是清同治十三年（1874）重修的。1993 年至 1994 年间还对其进行了落架大修，并提高了建筑基础。另外，驿亭所在小岛也是开挖运河和拓宽河道所形成的。

大运河横塘段

横塘驿站

横塘驿站内景

驿亭坐北朝南，呈长方形，长 5.5 米，宽 5 米，四角有石柱四根，南北各有木柱两根，四周筑砖墙，南北各设木栅门，东西各辟一窗。

驿亭南面左右石柱上刻有“客到烹茶，旅舍权当东道”“灯悬待月，邮亭远映胥江”。驿亭内墙壁上镶嵌了九块石碑，其中一块花岗岩石碑刻有“光绪元年九月立　浙宁酒业福禄寿会公助　首募夏礼周”。这块石碑为研究清末交通和苏州工商业发展提供了历史依据。

“酒业”石碑

驿亭外的彩云桥为花岗岩质三孔石拱桥，横跨胥江，面迎运河，西连驿站。桥全长 38 米，中宽 3.7 米，中孔净跨 8.5 米，矢高 5.6 米，上下各 34 阶。拱券为分节并列砌置，拱券高、坡度陡、桥面薄。东次孔设有纤道，原桥在桥拱底部设行走的便道，便于纤夫拉纤。该桥始建年代不详，1925 年重修。彩云桥本来是东西向横跨运河，因运河航道拓宽，1992 年迁建于胥江之上。

如今，横塘驿站和彩云桥附近经过环境整治，形成一个小的景观公园，免费开放，是大运河畔一处市民休闲散步的好去处。

彩云桥

大运河主航道

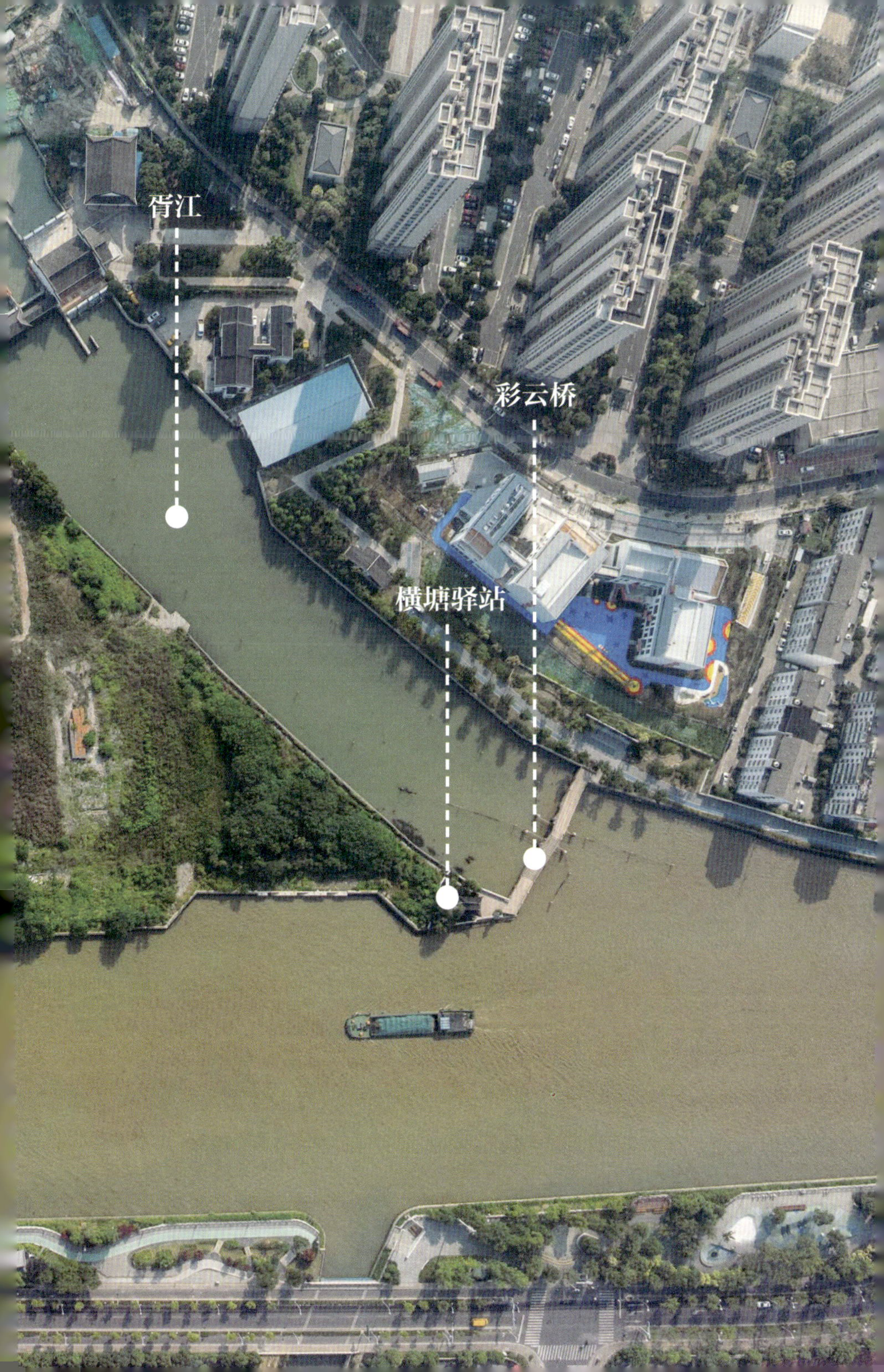
胥江
彩云桥
横塘驿站

唐寅墓

文物古迹 · 古墓葬

千朵莲花三尺水，一弯明月半亭风。

沈周、文徵明、唐寅和仇英是明代著名的文人和画家，他们活跃于苏州地区，被称为“吴门四杰”，也叫“明四家”，其中唐寅便是家喻户晓的唐伯虎。

唐寅园

唐寅于明成化六年（1470）出生于苏州府吴县吴趋里，弘治十一年（1498）戊午科应天（南京）乡试，得第一名解元，故唐寅也被称为“唐解元”。弘治十二年己未科会试，唐寅与徐霞客的祖父徐经一同赴考。后因泄题案受牵连，锒铛入狱。出狱后唐寅从此绝意仕途，漫游华中、江南诸山。正德四年（1509），唐寅在苏州城北的宋人章粢废园址上筑室桃花坞，创作了大量优秀作品，其人物画多描写古今仕女生活和历史故事。

正德九年，唐寅任宁王朱宸濠幕僚，后发现宁王意图谋反，装疯卖傻得以脱身回到苏州。十年后，也就是嘉靖二年（1523），唐寅逝世，享年五十四岁。

明清两代唐寅墓多有修缮，包括清嘉庆六年（1801）由时任吴县知县唐仲冕主持的一次大规模修缮工程。

20 世纪 50 年代末，苏州市文物管理委员会重修唐寅墓。当时，唐仲冕所立之石亭及墓碑尚存。除整治地基外，新建石坊一座于墓道起端，上刻“唐伯虎墓”，背刻“名传万口”，并种植桃花、松柏。到了 20 世纪 60 年代却遭到严重破

唐寅墓

坏，仅存墓冢。1985 年，苏州市文管会再次整修，于墓冢周围砌石护壁，墓地加筑石墙，按原貌重立墓碑、碑亭、石坊。1986 年，借城内拆迁古建筑之机，在墓南先后筑六如堂、梦墨堂、闲来草堂、禅仙居等，并建门厅桃花仙馆，辟为唐寅纪念陈列室，向公众开放。

在墓园内有恢复的碑亭，内有一方“明解元唐公寅”画像诗碑，下方为唐伯虎画像，上方有四行评语“才因冤锢，祸以智免，大节不亏，艺传犹浅”，总结了唐伯虎传奇的一生。

唐寅墓在 1982 年被列为江苏省重点文物保护单位，如今墓周围建为“唐寅园”对外开放，是一处了解和凭吊唐伯虎的好去处。

唐寅像

Tips：

- 唐寅园以展示唐伯虎艺术生平及明四家书画作品为主，是在苏州了解唐寅文化、吴文化、中国书画文化的必到之处。

明四家和江南四大才子

明四家是相对于“元四家”而来的。自沈周开创，以其与文徵明、唐寅和仇英为代表的吴门画派，基本上被认为是继承元四家的文人画传统而接续下来的体系，自晚明之后成为中国传统绘画的主流，特别是在山水画部分。

四人中，唐寅修养广博，诗书画俱佳，号称“江南第一才子”。他阅历较广，入世较深，故题材宽广，古今皆能，不拘一格。

除了明四家的称谓，还有“吴中四才子”等，民间戏曲讹称“江南四大才子”，指明朝苏州地区才华出众的四大杰出人物，即祝允明、唐寅、文徵明和徐祯卿。

唐寅《山路松声图》 台北“故宫博物院”藏

石湖与上方山

相传春秋时期，越人掘溪进兵，凿石开渠以通苏州，故名石湖。南宋诗人范成大，晚年退居石湖，号石湖居士，留书《重修行春桥记》曰：“凡游吴中而不至石湖，不登行春，则与未始游者无异。”清乾隆皇帝六下江南而六临石湖，赞曰：“佳丽江山到处同，惟有石湖乃称最。”

石湖五堤

风景名胜 · 景区

吴郡山水近治可游，惟石湖为最。

石湖是太湖湖湾之一，位于苏州西南角，南北长约 4500 米，东西宽约 2000 米，由堤岸分割为东石湖、西石湖和南石湖三个湖面，吴堤、越堤、石堤、杨堤和范堤五堤横卧于水面之上。其中吴堤、越堤是纪念吴越文化，杨堤是纪念隋朝大臣杨素，范堤是纪念南宋诗人范成大，石堤则取自石湖之名。

吴堤全长约 2000 米，是石湖中最长的堤岸，位于西石湖西岸，北接行春桥，南连石堤。

越堤在石湖中部，把石湖分为东、西石湖。越堤北靠近游船码头，南连石堤，是主要赏景路线，堤岸西面水中建筑“天镜阁”，是石湖标志性建筑之一。

杨堤以杨素得名，位于东石湖东岸，北部靠近东门游客中心，南接越堤和石堤。

石湖鸟瞰

天镜阁

杨素是隋朝的重要将领，他和石湖及上方山颇有渊源。隋开皇年间，江南士族豪强叛乱，杨素率军讨伐，击败叛军后，因原来城郭不能安守，便在上方山建新城作为郡治。

石堤北连越堤、杨堤，南连吴堤，将石湖分为西石湖和南石湖。石堤双面临水，堤上有十九孔百狮桥，126只狮子形态各异，寓意美好，是石湖内最长的一座桥。

范堤以范成大而得名，位于南石湖南，北接石堤，南连石湖南入口。

范成大是苏州吴县人，南宋官员、诗人和文学家，与杨万里、尤袤、陆游并称“南宋四大诗人”。他晚年建“石湖别墅”居住于此，自号“石湖居士”，在此著有《石湖诗集》《石湖词》等著作。

石湖别墅有北山堂、千岩观、天镜阁等建筑，其中以天镜阁最有名。时过境迁，当年的石湖别墅已经荡然无存，如今在石湖小岛上重建了天镜阁。民国书画家余觉在石湖北岸建立了一座砖木混合结构的建筑，命名为“渔庄”，号称建于“天镜阁故址”，并书写制作为砖雕门匾，安装于后门之上。除此之外，在行春桥旁的范成大祠故址还被修复，作为范成大纪念馆对外开放。

石湖佳山水，五堤倚运河。漫步于石湖堤岸之上，宽阔的湖面让人心旷神怡，倒映着远处塔山，构成一组美好的江南水乡泽国画卷。

杨堤
越堤

石湖全景

越城桥与行春桥

文物古迹 · 古建筑

宜凉宜月犹宜雪，
何独行春过此桥。

越城桥与行春桥

石湖如今被堤岸分为东石湖、西石湖和南石湖，在西石湖北岸有两座古桥，一座是跨越北越来溪的越城桥，一座是跨石湖北渚的行春桥，两座桥就像姊妹桥，一座为单孔，一座为九孔，形成了独特的风景。

越城桥在行春桥东，为一单孔石拱桥。桥始建于南宋淳熙年间，元明清均有整修，现存桥梁为清同治八年（1869）重建。越城桥的桥名因桥东侧有春秋时期越王勾践所建越城而得名，花岗岩质，全长约 33 米，净跨约 9.5 米，矢高约 4.8 米，中部桥面宽度约 3.6 米。拱圈纵联分节并列砌置，条石栏板。长系石端部雕神兽纹，桥面石刻纹饰，南北各设置楹联，南面为："碧草平湖青山一画，波光万顷月色千秋。"北面为："一堤杨柳影接行，十里荷花香连水。"

越城桥下所跨的河水为北越来溪，为春秋晚期越王勾践命人所挖，目的是伐吴运兵之用。周元王三年（前 473），越王勾践趁吴军北上争霸之时，利用太湖水涨的时机，经过越来溪达胥江到姑苏城下，灭吴。

行春桥位于越城桥西，是一座始建于宋代的半圆拱薄墩九联拱石桥。行春桥又名“迎春桥”，俗名“九环洞桥”，一说行通“航”，行船之意。桥东西走向，横跨石湖北渚，全长 54 米，中宽约 5.2 米，中孔净跨约 5.3 米，矢高约 2.6 米。

《姑苏繁华图》中的越城桥与行春桥（辽宁省博物馆藏）

越城桥、行春桥与大运河

桥大部分为花岗石质，长系石为武康石，且端部雕兽面，可能为宋代旧物。1949年，行春桥东部四孔被拆去，1953年修复，1956年为修筑苏越公路，还曾拓宽桥面。20世纪60年代，桥面的石狮等雕刻被损毁，2005年修复。

越城桥与行春桥

行春桥是苏州古桥中仅次于宝带桥和垂虹桥的联拱石桥，每年的农历八月十八，皓月当空之时，九个环洞各映月影一轮于湖水之中，形成“九月一串”之奇观。

上方山与楞伽寺塔

文物古迹 · 古建筑

思量却是楞伽塔，曾见苏州六代人。

石湖西北有上方山，高约 92 米，为七子山东北支脉。山上山下古迹众多，山下原有宝积寺，又名楞伽寺，现已无存。山上有塔院，有一座始建于隋代、北宋重建的七级八面仿木楼阁式砖塔。

楞伽寺塔位于上方山顶，高约 28 米，自北宋太平兴国三年（978）重建后，历代多次整修，但主体结构仍保持宋代风格，塔壁还存“太平兴国三年戊寅岁重建楞伽宝塔”等塔砖铭文。

楞伽寺塔

楞伽寺塔

登山的道路还有一段清乾隆帝御道，据说乾隆帝每次下江南都要到石湖，登顶上方山眺望石湖全景，可见石湖之美在其心目中的地位。此外，山腰还有治平寺遗址，现存越公井等遗址和复建的寺院建筑若干。

如今，上方山被辟为上方山国家森林公园，作为景区对外开放。上方山顶的塔院是俯瞰石湖全景和远眺苏州城全景的绝佳之处。

Tips：

- 参观山顶的楞伽寺塔院，建议上山乘坐景区电动车，参观完毕后可以步行下山。

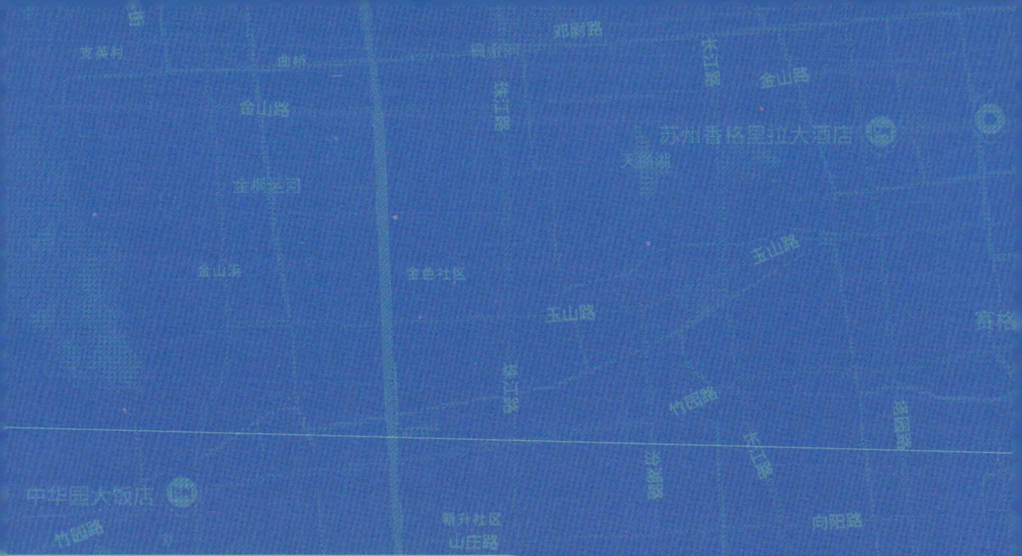

概　述

本线路为乘车加步行，花费一天的时间，从横塘驿站到唐寅墓园，再漫步石湖，远眺楞伽寺塔，也可以进入上方山国家森林公园参观楞伽寺塔。

上午，横塘驿站作为第一个走访点，横塘驿站目前仅存一个驿亭，旁边有一座彩云桥，全天免费开放。

从横塘驿站步行约 900 米就到了唐寅墓园，这里是收费景区，唐寅墓园位于园区最北端，前面有一些展馆介绍唐寅的生平事迹。

下午，从东门进入石湖景区。石湖范围比较大，可以乘坐园内的景区游览车，也可以沿东石湖步行。在石湖北部走访渔庄、越城桥、行春桥后，从石湖北 2 门出石湖景区。

注　意

① 横塘驿站的位置目前是在大运河和胥江形成的一个小岛上，只能从南边过彩云桥到达。

② 石湖景区内西石湖有画舫游览服务，东石湖有脚踏船游览服务，环湖有游览车服务，可以根据自己的喜好选择。

漫步石湖游径

苏州市
唐寅墓园
横塘驿站
900米
93路
地铁3号线・石湖北
越城遗址
越城桥
和行春桥
渔庄
石湖东门
山国家
林公园
楞伽寺塔

览吴江，
领略水工智慧

平波渺渺烟苍苍，菰蒲才熟杨柳黄。

扁舟系岸不忍去，秋风斜日鲈鱼乡。

——北宋·陈尧佐《吴江》

“千河之乡，百湖之城”，这是很多学者对吴江的称呼。1176平方千米的吴江，拥有352平方千米的淡水水域，水域面积差不多占到吴江面积的1/3。

舟楫往来，千里通波。

财货云集，文化汇流。

景致秀美，物产丰饶。

……

吴江，配得上这些形容江南水乡的美好词汇，而这一切美好，与吴江作为苏州地区的航运重地密不可分。

据《吴江县志》记载，在唐代之前，大运河与太湖只隔着大片的浅滩洼地，一旦太湖水多，水就会漫过浅滩洼地与大运河汇集。后来，唐代的苏州刺史王仲舒组织当地民众修建了一条名为“松江堤”的土质堤坝，才有了陆路通道连接苏州与吴江，这就是历史上著名的“吴江塘路”。

其中有一段经过后续朝代的多次修整加固，并加入石材，以及修建多座石桥连接，形成了江南运河有史以来最坚固、最完整的一条塘路，称为“九里石塘”，被誉为江南的“水上长城”。这是吴江民众水工智慧的体现，他们用统一尺寸的巨石堆砌修筑河道路面，路面内外设置有两道石墙，中间填充泥土和石块。由此修筑而成的河道，坚固异常，历经千百年的水患侵袭，仍屹立在苍茫云水间。其构筑技艺，成了后来许多塘路效仿的典范。

说到塘路，不能不提及两部吴江人所写的认识和管理运河的专著——《吴江运河志》和《山东运河备览》。

《吴江运河志》的作者是明代学者史鉴，吴江盛泽人，其书中主要记载大运河吴江段的流经、塘路修筑和沿线建筑。《山东运河备览》是吴江人陆耀撰写的有关大运河山东段的水利专著。虽然书的内容与吴江无关，但不得不说是从小在吴江长大的所见所闻，给了陆耀对运河工程兴建和管理的智慧。

当然，在吴江本地修理官塘纤路、疏浚运河的人还有很多，千百年来，正是他们用汗水和智慧，让这里的航道千里通波，风雨无阻。

“待到中秋明月夜，五十三孔照影来”，宝带桥[①]因似宝带浮于水上而得名，相传在中秋之夜，可以看到五十三个桥孔出现五十三个月影的奇妙景观，从而有了“宝带串月”的盛景，想来已是无限美好。

“自作新词韵最娇，小红低唱我吹箫。曲终过尽松陵路，回首烟波十四桥。”这是南宋著名词人、音乐家姜夔从石湖行船回家途经吴江，路过垂虹桥时所作。浅显易懂的诗意，不仅让我们感受到了姜夔当时的心境，也让我们对吴江的美好充满了向往。

700 多年前，元代才子徐再思在多年蹉跎、流落之后，来到了吴江，这里的秀美河山、物阜民丰，让他爱上了这里，并决定留居于此。徐再思之于吴江的感情，就像范成大之于石湖一般，在这里他写下了著名的《吴江八景》。徐再思笔下的吴江，是经历了宋末元初战火后的江南一片难得的净土。

吴江，这座在运河之水滋养下的城镇，成了无数的文人墨客孤独而落幕旅程的终点。他们寄情于此，用精美的辞藻把这里的美好诉与世人听。

---

① 编者按：宝带桥位于苏州市吴中区境内，因其为吴江塘路重要水工遗产，故将其放在本章介绍。

吴江段运河沿线重要文化遗产分布示意图

宝带垂虹

在吴江三里桥南，原有一座名叫浮玉洲桥的古桥，桥西有一对楹联："十里波光连宝带，一弯月影映垂虹。"其中"宝带"指的是澹台湖东岸的宝带桥，"垂虹"则是位于吴淞江源头的垂虹桥。

宝带、垂虹都是多孔石拱桥，因孔数多、长度长，都被称为长桥，是吴江塘路上两座长度超过300米的桥。

宝带桥

文物古迹·古建筑

云开霄汉远，
春入五湖深。

明代文人文徵明《宝带桥》一诗云："云开霄汉远，春入五湖深。天外虹飞彩，波心日泻金。三江自襟带，双岛互浮沉。十里吴塘近，归帆带暝阴。"诗句不仅描绘了春色满满的水乡泽国，更点明了宝带桥的重要地理位置。宝带桥位于苏州城东南半舍，澹台湖口，大运河西侧，是一座53孔石拱桥，为我国现存古桥中孔数最多的。

宝带桥始建于唐代，元和五年（810）苏州刺史王仲舒修筑巨堤阻挡太湖水的风浪冲击，以利舟楫。但太湖水往东入海势不可挡，巨堤不能遏制，于是王仲舒在堤的基础上建桥，并舍腰间宝带以资修建，故后来该桥名为"宝带桥"。宝带桥建成后水患减少，交通便利，但宋、元时曾失修坍塌。明正统十一年（1446）兴工重修，是年冬十一月落成，"洞其下凡五十有三，而高其中之三，以通巨舰"，

宝带桥与大运河

即现今所见形制。据《长桥镇志》记载，清康熙九年(1670)宝带桥被大水冲毁，三年内修复。道光年间又由时任江苏巡抚的林则徐支持修缮。咸丰年间，清军和太平军在苏州展开拉锯战，宝带桥也遭受其难，清政府收买的“洋枪队”头目戈登拆去了桥之大孔，致使全桥连续倒塌26孔。抗日战争时期，桥南端6孔又被日军炸毁。中华人民共和国成立后，自20世纪50年代至今不断修缮保护。

石狮子

宝带桥所处位置在澹台湖的东口，这里既是贯通江浙的陆上古道，又是宣泄太湖水向东经吴淞江出海的必经之处，大运河在这里呈南北走势。船只沿大运河南北行驶，当太湖之水风大浪急时，往往对过往船只造成倾覆之险，因此该桥既可抵挡太湖的风浪，又可以让太湖之水减缓流入吴淞江。

宝带桥在大运河的西侧，与其并行，除了起到护航作用，还是运河的一段塘路，也是纤道。宝带桥南北长约316米，53孔连缀，桥面宽4.1米，由北向南第13、14、15孔跨径6～7米，其余跨径约3.9米。这样的多孔设计既满足水流通过，中间三孔又可以通过舟楫，而且三孔的坡度较为缓和，也利于纤夫拉纤。仔细观察，由北向南第27号桥墩和其他的桥墩不太一样，其宽度较其他桥墩宽了不少。这样的设计是利用其自重来平衡单方向的水平推力，当南面或北面的桥孔被破坏时，也不会波及另外一端。

桥南北各有石狮镇守，桥中段和北边还有两座石幢，在桥北边还有一座石亭。桥中段第27号桥墩西侧有一座高约3米的石塔，风化严重。桥北端距桥几米之外也有一座同样

石塔和石亭

的石塔，塔为八面五层，每一面都有一龛佛像，栏板、石柱、斗拱和屋檐都雕刻得十分精细。宝带桥的桥面两侧还有很多小孔，是清末加装桥栏后又被拆除所留下的痕迹。

桥北堍的石亭为清末修建，内原立有“修建运河桥窦碑”，同治十三年（1874），江苏巡抚张树声撰写该碑碑文，由江苏按察使兼布政使应宝时书写，后碑被毁无存。1989 年在碑亭内又立了一块《宝带桥重修记》碑，后来也被移除，现仅剩空碑亭。

2014 年 6 月，宝带桥作为大运河重要的遗产点，被列入《世界遗产名录》。如今，宝带桥周边的环境经过整治，澹台湖被辟为公园，吴文化博物馆也设在桥西南不远处，附近的公共交通、停车场也很方便，是来苏州体会大运河文化的绝佳之处。

桥心石

Tips：

- 宝带桥免费游览，全天开放。
- 建议傍晚漫步宝带桥，夕阳下的石桥和大运河都非常美。

王仲舒与苏州水工

宝带桥南的王仲舒像及介绍

王仲舒（762—823），字弘中，唐朝并州祁县（今山西省祁县）人。据《新唐书》载，贞元十年（794），策试贤良开科，王仲舒登乙第，官拜左拾遗，后累转尚书郎等。元和元年（806）召为吏部员外郎，未几，自职方郎知制诰。“仲舒文思文雅，制诰所出，人皆传写”。后出为婺州刺史，时婺州有疫情旱情，人徙死几空，治理五年，里闾增完，被加金紫服，元和五年出任苏州刺史。

王仲舒在苏州任上兴利除弊，“堤松江为路，变屋瓦，绝火灾，赋调尝与民为期，不扰自办”。尤其是“堤松江为路”，修筑了长洲县尹山至浙江嘉兴王江泾之间的长堤，为苏州治水史上一大工程，既畅通了这段江南运河，水陆并成驿道，太湖的水患也得到治理。53 孔长桥于元和十一年至十四年建成，据传是王仲舒献玉带捐资而筑，人称“宝带桥”，这是古代著名的水利工程，保证了湖水的畅泄和驿路纤道畅通，“宝带卧波”也成为著名的运河风光旖旎一景。

澹台湖
大运河故道
大运河新道

宝带桥鸟瞰

垂虹断桥

文物古迹·古建筑

曲终过尽松陵路，
回首烟波十四桥。

南宋绍熙二年（1191）冬，词人姜夔来到苏州，在退居石湖别墅的范成大家中月余，其间应范成大之邀，写下《暗香》《疏影》两篇咏梅的传世之作。岁末即将离别之时，范成大将名为小红的歌女送给了姜夔，除夕当天，两人携手同归湖州，船路过松陵的垂虹桥时，姜夔写下一首脍炙人口的《过垂虹》：

自作新词韵最娇，小红低唱我吹箫。
曲终过尽松陵路，回首烟波十四桥。

诗句“回首烟波十四桥”大概是诗人夸张的写法，但也表现了诗人此时欢快的心情。诗名中的“垂虹”即被誉为“吴江第一名胜”的垂虹桥。垂虹桥在历代引来无数文人雅士相聚游览于此，如苏轼、王安石、倪瓒、唐寅、王世贞等，他们

垂虹桥和华严塔

用诗歌和绘画来咏唱和描绘它，相关作品达400余篇，堪称“桥梁之最”，因此，说这座桥是用诗词所垒砌，用画卷所铺陈的，一点都不为过。

垂虹桥东端

垂虹桥始建于北宋庆历八年（1048），初为木桥，元代改为石桥，明清不断维修。可惜的是，这座古桥因年久失修，于1967年5月2日夜晚坍塌，目前东西各存一小段，因此被称为“垂虹断桥”。

垂虹桥西端

北宋时期，吴江百姓居于松江源东西，摆渡往返十分不便，加之太湖风大浪急，过往舟楫常常覆没。吴江知县李问和县尉王庭坚为便利交通，募钱百万兴建长桥，为石墩木桥。桥成以后，舟楫免于风波，利于行驶，行人晨往暮归十分方便，因而取名“利往桥”，俗称“长桥”。一座木桥蜿蜒横跨江源，仿佛是长虹卧波，风光绝胜，因此“垂虹桥”的名字逐渐取代了“利往桥”。

宋代垂虹桥的样子并非后世石拱桥的形制，有专家推测北宋宫廷画师王希孟《千里江山图》中一座木桥的原型就是垂虹桥。画面中的桥梁为木构，桥中央有一座大型十字连廊楼阁建筑，既可以躲避风雨，也可以作为文人雅士聚会之场所，桥下河东边还有两艘大船停泊，桥下也有一叶孤舟。

北宋时期有不少文人雅士来过垂虹桥，其中就包括大文豪苏轼。熙宁七年（1074），苏东坡自杭州去山东高密，与杨元素同舟，路过吴江，众友人共游吴淞江，夜半月出之时，置酒垂虹桥的垂虹亭里。数年后，苏轼与秦观、释道潜相会于吴淞江畔，留下了“吴越溪山兴未穷，又扶衰病过垂虹”的诗句。

宋代的垂虹桥因为是木质，易腐，加上风涛常年冲刷和兵燹之灾，历经数次维修和重建。元大德八年（1304）修缮后的长桥有99栱（间），规模最为宏大。

元泰定二年（1325），也就是长桥初建后270多年，吴江州判官张显祖请嘉兴匠人姚行满易木为石，重建垂虹桥为多孔石拱桥，该桥长130多丈，62孔，中间3孔可以通大船。桥中心设了一座凉亭，名曰“垂虹”，东西两堍建汇泽、底定二亭，还设桥栏，饰以狻猊。这座石拱桥经过明、清和民国期间的多次修建，孔数和规模有所变化，但基本形制固定。另外，宋元以后由于松江源头北移，垂虹桥东西两侧不断淤积，旧河道逐渐变窄，到1914年维修时垂虹桥桥堍两亭、桥面的栏板均荡然无存，桥孔也多没于陆地，仅存44孔。1967年，仅存的44孔也轰然倒塌。

1995年7月，在垂虹桥西端遗址建“垂虹遗址公园”，施工过程中，先后挖出了11孔桥洞，后对其中的7孔进行了修缮，是为西端遗存，长32米。2004年11月，在垂虹桥东端遗址进行“垂虹景区”建设的过程中，又发现了9孔桥洞，以及桥堍、牌坊基础、汇泽亭地坪石。随即实施清理维修，并接建了1孔刚性墩

《千里江山图》中的木桥（故宫博物院藏）

桥洞，是为东端遗存，全长 52.28 米，其中桥洞长 44.48 米，桥堍长 7.8 米。因此可以推断，元代石桥之东段就在现存垂虹桥遗址公园的东端断桥处，而西段的位置应该在现存西端断桥一侧，一直延伸过公园路再向西。

如今垂虹桥遗址已辟为公园，断桥遗迹分布于河面的东西两侧，东边有 10 孔桥洞和桥堍、牌坊基础、汇泽亭地坪石等遗存；西边有 7 孔修复，4 孔没于公园路地下，旁边还新建一亭。另外，2005 年在桥北侧新建了一座四面七层的方塔华严塔，部分恢复了松陵八景中“塔寺朝阳”一景，和八景之一的“垂虹夜月”相得益彰。

Tips：

- 垂虹断桥附近有吴江文庙、吴江县学遗址等文物。
- 松陵是吴江区政府所在地，食住行十分便利。

华严塔

吴淞江

太湖古三江是太湖水入海的三条水道，即东江、娄江和淞江。

淞江即吴淞江，古称松江或吴江，亦名松陵江、笠泽江，发源于苏州市吴江区松陵镇以北的太湖瓜泾口，由西向东，穿过江南运河，在今上海市外白渡桥以东汇入黄浦江，经吴淞口入长江。吴淞江全长125千米，其中江苏境内（全在苏州市域）81千米，进入上海境内俗称苏州河，是一条具有排洪、航运、灌溉能力的多功能河道。

古时，太湖出水口在浪打穿，即今菀坪镇一带。唐宋时期，吴淞江的源头在长桥，也就是垂虹桥所在水域。元明时期，垂虹桥一带水面淤积，太湖出水口逐渐北移，以瓜泾口为源头。

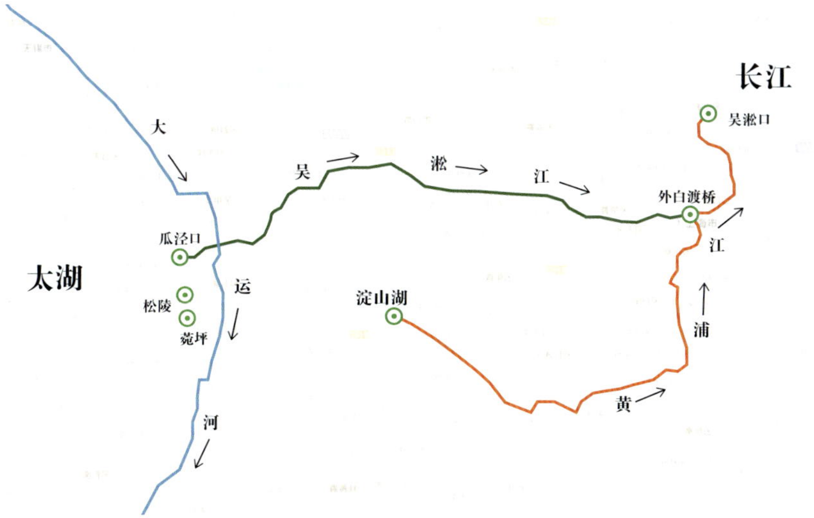

大运河、吴淞江和黄浦江水系示意图

吴淞江故道
垂虹桥西端

垂虹桥鸟瞰

九里石塘

吴江古纤道旧称“九里石塘”。唐元和五年（810），苏州刺史王仲舒主持修筑，初为土堤，以通驿道，利纤挽，时名“松江堤”。北宋庆历八年（1048）增石修治。元至正六年至七年（1346—1347）复以巨石修筑，史称“至正石塘”。明清两代数度治理。清同治十三年（1874），吴江知县万青选捐出历年俸银，修三里桥至大浦桥，共3110多丈。

由于交通的变革，塘路失去驿路作用，仅存纤道作用。随着轮船的发展，纤夫和纤道也逐渐退出历史舞台。吴江古纤道大多被毁，如今保存下来的有一千多米，也是江南运河唯一保存的一段古纤道。

三里桥

文物古迹 · 古建筑

黛瓦高桥迎绿水，
红花繁树掩黄门。

吴江北门外横跨古运河有一座巨型石桥三里桥，此“三里”应该是古代出吴江县三里的位置所得名。该桥为单孔石拱桥，其体量在吴江地区是最大的，高度甚至超过被誉为“吴中第一”的吴门桥。

三里桥始建于元泰定元年（1324），和垂虹桥的重建几乎同一时期。明天顺六年（1462）和清嘉庆二年（1797）两度重建，到了清末光绪十一年（1885）二月，由江苏省水利总局督同吴江、震泽两县官员再次重修。由于地处运河航道，三里桥桥墩时常被船只冲撞，2018 年三里桥被列为危桥。2021 年三里桥进行了一次大规模重修，其雄姿得以重现。

三里桥总长 50.5 米，跨径 14.5 米，矢高 8.15 米，顶宽 4.65 米，堍宽 5.08 米，东、西堍分别有 44、48 级台阶。桥拱券顶部刻有“三里桥”桥名。特别注意的是，在东桥墩台拱脚内还有为了方便纤夫通过而特别设置的纤道石，宽约 50 厘米。

三里桥横跨的河道为大运河故道，由于 1974 年在现河道东侧实施了改道工程，这段河道不再作为主航道。三里桥东边一块被新老航道所夹的小岛，被建为三里桥生态公园。在公园内还兴建了一座大型教堂，并重建了纪念顾野王的顾公庙，即顾野王祠。

顾野王（519—581），字希冯，吴江人，著名文学家、历史地理学家，生活于南朝萧梁到南陈时期。据乾隆年间《吴江县志》记载，顾公庙初建无考，宋明清历代重修，20 世纪 60 年代被毁。2006 年，吴江政府在三里桥东建造了顾野王祠，与三里桥一起构成了“桥庙相映”的景观。

苏州单孔厚墩薄拱石拱桥外部结构示意图

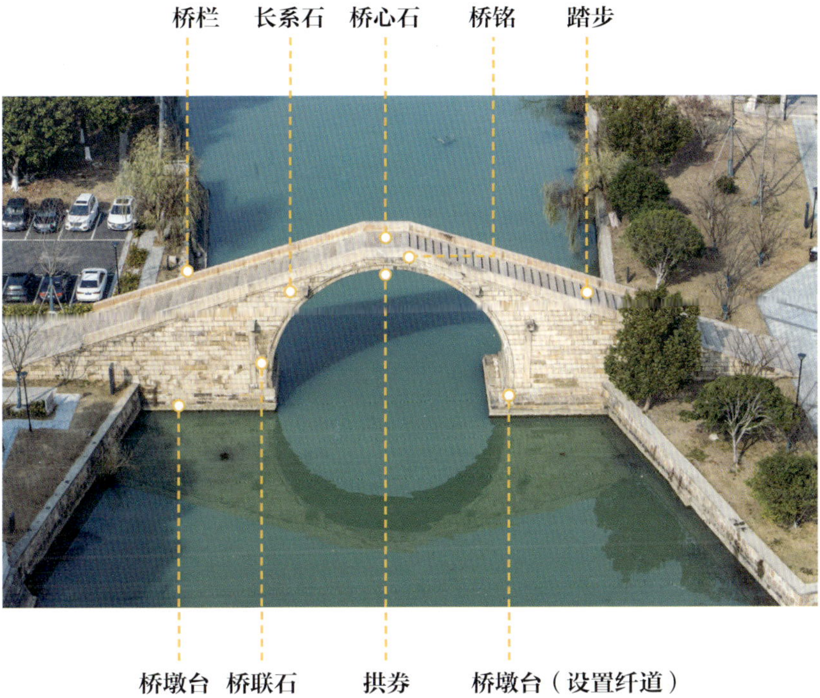

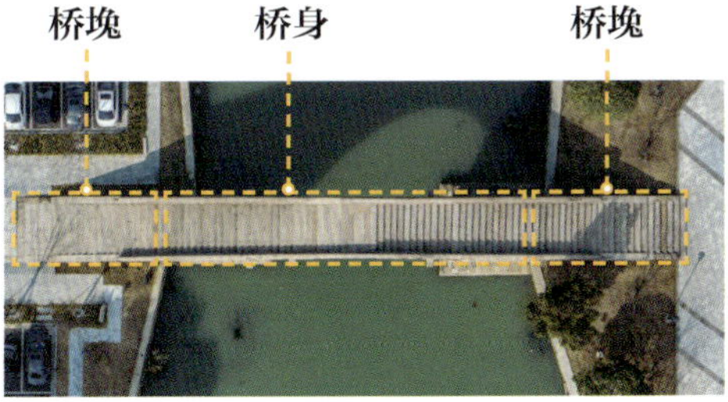

三里桥
大运河故
顾野王祠

大运河新道

吴江古纤道

文物古迹·古建筑

堤横湖面平分白，
水拓天围分外宽。

吴江古纤道又称九里石塘，位于太湖东岸，大运河西岸，是吴江塘路的一段。所谓塘路，就是河道沿岸的道路。塘路在古籍中简称为“塘”。“塘”即是外御洪涝、中通排灌、亦通航行的堤岸。吴江地区地势低洼，七世纪之前为太湖东泄出口，汛期河湖不分，枯水期一片滩涂，不能行船。唐元和五年（810），苏州刺史王仲舒“堤松江为路”，于苏州、吴江之间太湖东岸用石料筑长堤，在太湖和大运河之间筑成了数十里长堤，即今江南运河的西堤，又称为吴江塘路。

据吴江塘路示意图可看出，以平望为中心，堤塘呈倒“人”字形分布，分为三线。一是苏州至平望，有古塘、石塘、官塘三段，二是平望至湖州的頔塘，三是平望向南至嘉兴方向的土塘。又据《太湖备考》《吴江县志》《江苏水利全书》等有关史籍的记载：吴江塘路全长共153里。

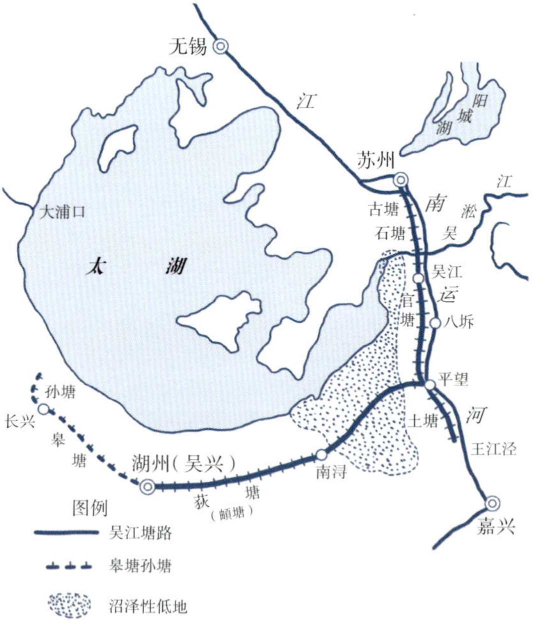

吴江塘路示意图（引自《中国运河志》）

吴江塘路的历史可追溯至隋朝，隋炀帝时疏浚江南运河，在河道两旁堆土，虽连绵不断，然已具塘岸雏形，可视为修筑吴江塘路的端倪。后世历代不断维修，苏州至吴江段的塘路始建于唐元和五年，名曰“松江堤”。宋代庆历年间增石修治。元至正六年到七年（1346—1347）以巨石重筑其中一段塘路，所以又称“至正石塘”，因全长约九里，也称“九里石塘”。

至正石塘修筑时，底部采用杉木打桩作为基础，铺上长约 2 米、宽约 0.6 米、厚约 0.5 米的巨石，巨石之上修筑内外两侧石墙，中间填充石块和泥土。

明清之后，塘路数度修缮。20 世纪 30 年代陆路交通发展，苏嘉公路通车后，这段塘路仅存纤道功能，再之后逐渐废弃。

1984 年，吴江有关部门组织人力，用旧大青石对古纤道进行局部修复，共两段，长约 1.6 千米，都位于今天吴江古纤道公园内。

九里石塘从三江桥自石塘南关至彻浦桥，原有三江桥、安邑桥、定海桥（北七星桥）、三山桥、甘泉桥（南七星桥）、彻浦桥等 13 座桥梁。现古纤道上尚存三江桥、北七星桥、三山桥、南七星桥四座，三江桥为新建的景观桥梁，北七星桥则为改建重建。

古纤道与运河大桥

Tips：

- 古纤道公园有南北两个入口，北入口停车场较大，南入口停车场较小。

吴江运河古纤道公园

运河古纤道公园位于松陵街道南，大运河西岸，为开放式公园。公园内除了新建的景观外，还包括 1984 年修复的

两段运河古纤道，如今也连接在一起。

在古纤道上除了原址保存的南七星桥和

三山桥之外，还新建了几座桥梁。

七星桥（重建）　三山桥　古纤道第二段　南七星桥

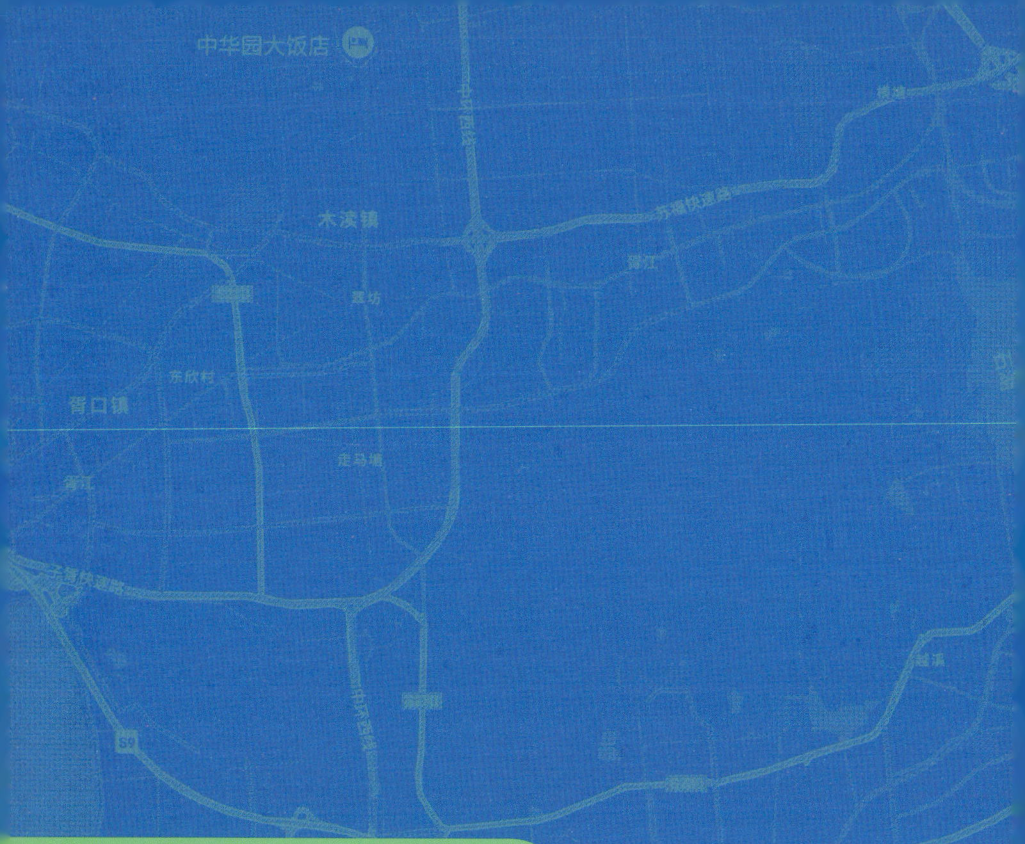

概　述

本线路建议自驾，花费一天的时间，主要游览吴江地区有代表性的大运河及周边文物。

上午从吴江汽车站附近的古纤道开始，然后去垂虹断桥，如果有兴趣可以去看看吴江文庙和松陵泰安桥，最后去三里桥。

下午往苏州市区方向，前往澹台湖旁的吴文化博物馆，参观完博物馆后就步行来到宝带桥，在这里可以一直待到夕阳西下。

注　意

从南往北的好处是和阳光方向保持一致，上午在古纤道、垂虹断桥和三里桥，下午傍晚在宝带桥，都是顺光方向。

游径 古纤道到宝带桥

访古镇，探寻枕水人家

人人尽说江南好，游人只合江南老。

春水碧于天，画船听雨眠。

——唐·韦庄《菩萨蛮》（节选）

如果说，历史上的苏州城代表的是一种钟鸣鼎食、气象万千的贵族气质，那么，苏州城周边这些如众星捧月般的水乡古镇，代表的则是一种寻常百姓的气质。

在中国文化的情境里，鲜花着锦诚然美好，但淡泊安定才是国人心中稳稳的幸福。尤其是对于中国的文人墨客而言，水乡古镇，则更多代表了守拙而归的“田园”。

在大运河苏州段水网密布的土地上，那些散落的古镇如同一行行诗句，记录下了漫长的岁月。因运河而兴的古镇，于望亭、浒墅、枫桥之外，大概就数平望了。

“微茫远树山同出，破碎层云日斗明”，平望是大运河苏州段（大运河新道）和江南运河（大运河故道）交汇的地方。在这里，頔塘运河和太浦河与新、老运河纵横交汇，形成四河汇集的壮美景观。“南塘渡”“西塘渡”“张家甸渡”这三处历史悠久的渡口，井然有序地服务于各类航运渡船，带给平望绵绵不绝的商业繁荣。安德桥与安民桥两座闻名遐迩的古桥，不仅是欣赏平望四河汇集美景的绝佳去处，更是古镇千百年繁盛景象的见证。站在古桥上，依稀可以领略到古人“驿楼揽胜”所能看到的壮秀水景。

在大运河苏州段沿线的古镇里，同里和黎里“二里”，就像两个同出一脉，但性格又颇有些不同的姐妹。同里，像一个雍容贵气、饱读诗书的大家闺秀；黎里则是小家碧玉的感觉，娇俏可人。

同里是一座标准的江南水乡，古镇内有十几条河道呈“川”字形穿镇而过，因水成路，因水成园，水、路、桥、民居、园林，巧妙地融为一体。同里自古以来文化名流辈出，耕乐堂、退思园、崇本堂、嘉荫堂、陈去病故居……这些私家园林、名人故居，值得每一个对江南水乡情有独钟的人前来探访。

黎里，又名“梨花里”，清代大诗人袁枚在这里写下了“吴江三十里，地号梨花村”的诗句。黎里是苏州遗存明清古民居数量最多、保存状况最好的古镇，柳亚子旧居、鸿寿堂、洛雅草堂是其中的代表。另外，黎里也是多种文化、文明碰撞交融之所在，南社通讯社旧址、退一步处、黎里天主堂等近现代建筑遗存便是见证。

“二里”之外，“二泽”震泽、盛泽又是一对值得说一说的“姐妹花”。

“一丝兴百业”，震泽是一个真正意义上的商业重镇，明清以来便是重要的生丝集散中心。一条市河贯穿古镇，两侧是热闹的街市，禹迹桥、底定桥、报恩桥、思范桥等石桥横跨市河，连接着两岸的上塘和下塘。保存完整、体系完备的民居代表师俭堂和致德堂，都是从事丝织业的大贾世家的宅院。著名的慈云寺塔矗立于运河畔，是震泽的地标建筑，“慈云夕照”是享誉江南的美景。

“日收生绢千万匹，半处申江半入吴”，同样因丝织产业而繁盛的盛泽则是另一种味道。几条河流纵横交错组成一张巨大的水网，整个镇区分隔成大小不等的五个圩，相互之间用桥梁连接。先蚕祠、昇记绸庄旧址、济东会馆、沈家绸行旧址……盛泽的古迹遗存，大多与丝织业以及丝织品贸易相关。

大运河苏州段沿线这些星罗棋布、各具风情的古镇，正是苏州文化的承载者，也是苏州风韵的核心。多元而不离散，仁厚而具风骨，济世而绝强势，这大概就是苏州文化、吴越文化的独特魅力所在。

吴江地区运河沿线古镇位置及重要文化遗产分布示意图
同里 · 思本桥
湖
平望 · 安德桥
黎里 · 老街
泽 · 慈云寺塔
盛泽 · 先蚕祠

四河汇集

平望位于吴江南部，是苏州的南大门，也是大运河苏州段的重要节点。新运河、老运河、太浦河、頔塘运河在这里交汇，形成独特的运河枢纽地带。

特殊的地理位置造就平望悠久的历史，早在唐代这里就设置巡检司署，设置驿站称平望驿。到了明清时期，平望逐步发展为“大商巨舶”“百货凑集”的“巨镇”。

平望古镇

古镇·水乡古镇

今日滩头芦荻里，一群新鸭尚呼名。

平望位于松陵南20多千米，大运河与太浦河在此十字交叉，南临莺脰湖，西纳烂溪、頔塘之水。大运河、老运河、太浦河、頔塘运河四条河流汇聚于此，所以平望被誉为“四河汇集”之处。

“平望”之名始见于西汉记载。明代陈克礼《平望志》载：“相传隋唐以来，此地淼然一波，居民鲜少，自南而北，止有塘路鼎分于葭苇之间，天光水色，一望皆平，此平望之所以名也。”

平望居于大运河苏州、嘉兴、湖州等水陆交通枢纽。随着大运河水运的发展，其特殊地理位置越发重要。早在唐代，这里就设置了驿站和巡检司署。北宋时期，平望大商巨舶云集，物货充溢，已形成镇之雏形。为了保障运输安全，朝廷还置军垒以御寇盗。南宋时期，江南运河漕运繁忙，平望位于苏州和杭州之间，其重要性可想而知。

吴江运河文化旅游景区

吴江运河文化旅游景区

明清两代，江南地区经济发达，农业、手工业发展成熟，包括平望在内的众多江南小镇成为苏州、杭州这些大城市商品经济的原料产地、交通中转站。平望以其独特的地理位置成为米面、豆麦交易副中心，有“小枫桥”之美誉。

平望驿遗址

司前街西段

时至今日，平望镇内的江南运河已经不再作为主航道，大运河新道从镇西边绕镇而过。但千百年老运河沿岸的遗迹却保留众多，形成当地吴江运河文化景区。除了著名的安德、安民两桥之外，还有平望驿遗址、巡检司署旧址、司前街、南前街、小九华寺等，漫步于此，既可感受旧日繁华，也能体会水乡之韵。

司前街东段

Tips：

- 平望镇经济繁荣，生活设施一应俱全，食住行都很方便。
- 平望的酱菜很有名，比如蜜汁姜片、白糖乳黄瓜、小青瓜等。

四河汇集平望

平望镇依水而建，缘水而兴，因水而美，素有“天光水色，一望皆平”之美誉。大运河自北向南在平望一分为三，与太浦河纵轴交

汇，形成了新运河（大运河新道）、老运河（大运河故道）、太浦河、頔塘运河四河汇集的独特地理景观。

平望双桥

文物古迹·古建筑

登桥试长望，望极与天平。

平望镇上有两座著名的桥梁，一座是跨頔塘运河的安德桥，一座是跨老运河的安民桥。两座桥梁都是厚墩薄拱单孔石桥，是平望这座运河古镇最为靓丽的两处运河地标。

安德桥

安德桥位于平望镇南部，頔塘运河和大运河故道交汇处，跨頔塘运河，南北向，是一座单孔石拱桥。

安德桥始建于唐大历年间，南宋庆元三年（1197）重建。明清两代多次重修，现存桥梁为清同治十一年（1872）重建。

安德桥总长约 54 米，桥面宽约 4.5 米，跨径约 11.5 米，矢高约 9.3 米，是吴江地区矢高最高的一座桥梁。桥两侧设置有靠背桥栏石，可以供过往行人小坐

安德桥

安德桥

歇息，桥顶桥心石为佛教“轮回”图案。桥联刻有“同治十一年仲冬月”“水利工程总局重建”等字，中心顶部桥额上有“安德桥”三字。安德桥内拱券为明清时期常用的纵联分节并列法砌置。

安德桥鸟瞰

安民桥

安民桥鸟瞰

安民桥位于平望镇北部，俗名北渡桥，又名北大桥，横跨老运河，东西向，是一座单孔石拱桥。

安民桥初建于明嘉靖三十四年（1555），由运河东侧原弥陀殿寺僧圆真所建。明崇祯二年（1629）里人钮明达、孙谏臣重建。桥东堍原有弥陀殿寺观，清顺治初年，该寺曾于桥上建关帝阁，后圮。

安民桥全长约 36 米，宽约 4.6 米，跨度约 9 米，矢高约 8 米，是江南水乡少

见的陡拱桥。全桥的石质，除武康石间壁和太湖石金刚墙外，其余由花岗石砌置，拱券采用纵联分节并列法砌成，券石上刻有信士捐银造桥、祈告家门昌盛、太平如意的图案。桥顶正中心系一块颇大的长方形武康石，上面刻有图案，但已分辨不清。

安民桥拱券

安民桥

水乡古镇

吴江的古镇遍布在大运河附近，依水而建，缘水而兴，因水而美。各个古镇都有其特色，相同的一点便是镇内市河要么穿镇而过，要么环镇而绕，再和大运河相通，就像是大运河串联起的一颗颗珍珠。

除了四水汇集的平望之外，頔塘运河穿镇而过的震泽，清溪河连接的吴江巨镇盛泽，太浦河南岸的黎里，川字形河道分割的同里，都是值得细细品味的水乡古镇。

震泽古镇

古镇·水乡古镇

太湖湖水连天阔，
中有灵区号震泽。

震泽古镇位于苏州市和湖州市界旁，頔塘运河穿镇而过，这里不仅是吴江的西大门，更是一座具有千年历史的水乡古镇和丝绸之乡。

震泽为太湖之古称，《尚书·禹贡》里面说“三江既入，震泽底定”，意思是娄江、松江和东江三条江将太湖之水引入大海，太湖安定。但震泽镇之名却始于南宋绍兴初年，朝廷设置巡检一员以镇之。明代震泽镇是吴江一巨镇，清雍正年

老街生活

震泽古镇与頔塘运河

间以“震泽”为名设县，县治和吴江县同在松陵镇，民国初年并入吴江县。震泽是我国著名的丝绸之乡，拥有数千年的养蚕缫丝历史，在明清时期成为吴江重要的丝绸出口地之一，丝绸俨然成为当地的文化基因。

震泽古镇从禹迹桥至底定桥的两岸驳岸和街道保存较为完好，古建筑和历史街区分布于运河古河道两侧，有一桥、一塔、一堂三个重要的地标。一桥是纪念大禹的禹迹桥，一塔是始建于明代的慈云寺塔，一堂则是被称为“江南大宅门”的师俭堂。

除此之外，震泽还有虹桥、思范桥、王锡阐墓、丝业公学旧址等文化遗产，分布较为分散，部分未开放。

禹迹桥

禹迹桥位于震泽镇宝塔街东，横跨頔塘运河，南北向，是一座为纪念大禹治水功绩而建的单孔石拱桥。

禹迹桥始建于清康熙五十四年（1715），乾隆、道光年间均有重建。该桥为太湖石和花岗岩建造，拱券为纵联分节并列法砌筑。桥全长约 43 米，桥面宽约 4.3 米，跨径约 10.4 米，矢高约 5.5 米。禹迹桥顶面石雕刻“轮回”图案，拱券内龙门石雕刻“云龙”图案，顶部桥栏有靠背方便行人休息。

禹迹桥不仅是南岸通往慈云寺塔的主要通道，桥顶还是观赏慈云寺塔的绝佳场所，在这里可以和不远处的慈云寺塔合张影。

禹迹桥

慈云寺塔

在禹迹桥北有一座慈云禅寺，寺中有一座六面五级砖身木檐楼阁式塔，名曰慈云寺塔。寺始建于南宋咸淳年间，明清多次重修，咸丰十年（1860）寺庙毁于兵火，仅存佛塔。1924 年恢复寺院，重建山门、天王殿等。

慈云寺塔的前身为望夫塔，传说三国东吴时期孙夫人为了纪念刘备而建此塔。至于“慈云”作为寺名和塔名，在当地流传着一个故事。相传北宋末年，金兵南下灭宋，掳去徽宗、钦宗二帝。宋徽宗女儿慈云公主避难来到吴地震泽后，思念禁锢在北国的父皇，终日闷闷不乐。侍臣们为其解忧，就在镇东望夫塔的废基上重建一座宝塔，并新建一寺，分别以“慈云”命名。塔成后，慈云公主常登临塔顶，遥望北方祈祷，祝愿父皇早日平安归朝。

慈云寺塔

现存慈云寺塔建筑为明代所建，总高约 38 米，由回廊、塔壁、塔心等组成。慈云寺塔外观玲珑挺秀，300 多年前乾隆皇帝下江南时夜游震泽，忽见一轮明月之下，塔、桥双影交相辉映，赞不绝口。自此，塔桥拱月便是震泽特有的水乡古镇景色。

禹迹桥与慈云寺塔

师俭堂

宝塔街西南端有建于清嘉庆年间的师俭堂，由大米商潘尔丰所建，“师俭”二字取自于汉萧何所言“后世贤，师吾俭”，寓意后代效法先人的简朴。潘尔丰在湖州、嘉定、松江一带开设米行，生意兴隆。他乐善好施，在饥荒之年开仓赈灾，沿途置锅施粥，受到了地方官员的表彰。同治三年（1864），商人徐汝福重建师俭堂，光绪二年（1876）又重新修葺和扩建，便有了如今占地2746平方米、建筑面积3534平方米、大小房屋150余间的规模。

师俭堂建筑较为完整，面阔五间、六进穿堂式高墙深宅，中轴布局规整严谨。六进之中两进位于宝塔街南，四进位于街北。由南往北，每一进地势逐次抬升，马头墙也一堵比一堵稍高，寓意“步步高升”。师俭堂东侧还有一微型的园林——鉏经园（“鉏”通“锄”），园名取自《汉书·公孙弘卜式兒宽传》中“带经而鉏”，寓意即使生活贫苦依然坚持学习的精神。鉏经园中心为四面厅，周围环抱梅花亭、半亭、走廊、假山等，花草藤蔓应有尽有，春华秋实，四时幽赏。通过梅花亭进入主建筑群，轴线东西各有一道花瓶造型的门，寓意“平平安安”。

鉏经园

师俭堂

Tips：

- 震泽古镇免费游览，但进入师俭堂等景点需要另外购买门票。
- 慈云寺塔开放区域为第一至第三层，同时间在塔人数不能超过 5 人；游客登塔前需先至现场登记，签订文物保护承诺书。

盛泽古镇

古镇·水乡古镇

水乡成一市，罗绮走中原。

盛泽古镇位于吴江的南端，毗邻浙江嘉兴，是著名的鱼米之乡。和震泽一样，丝绸也是盛泽的文化基因，不过震泽以“丝”为长，盛泽则以“绸”为盛。历史上，盛泽被形容为“日出万匹、衣被天下”，时至今日也是中国重要的丝绸纺织品生产基地和产品集散地，有“绸都”的美称。

盛泽是吴江经济重镇，历史文化遗产较为丰富，其中最为有名的是祭祀蚕神并兼作丝业公所的先蚕祠。此外，古街巷和古桥梁数量也多，还有济东、华阳、徽宁等会馆遗迹。

先蚕祠

先蚕祠俗称蚕花殿，是一座祭祀蚕神的祠宇，也是清代盛泽丝业公所所在地。先蚕祠始建于清道光二十年（1840），现存中路和西路建筑，中路为主建筑群，包含门楼、正殿、楼厅等；西路为厅堂、庭院和议事厅等。

先蚕祠

养蚕缫丝在中国已经有数千年历史，相传这种技艺是黄帝的妻子嫘祖发明的，她从天庭取来蚕种和桑苗，教会了人间种桑养蚕，缫丝织绸。因此，嫘祖也被称为蚕花娘娘，故先蚕祠的正殿也被称为蚕花殿。明清时期，祭祀蚕花娘娘的祠宇遍布江浙一带，盛泽的先蚕祠是仅存的一座祭祀蚕业祖师的公祠，极具历史和文化艺术价值。

先蚕祠现存建筑坐北朝南，由门楼、戏台、正殿组成。正门门楼为歇山顶砖雕门楼，门额一石匾上书写“先蚕祠”三个大字，周围石雕精美绝伦，除花卉吉祥图案之外，还有嫘祖养蚕、后稷稼穑、尧帝访舜、舜传大禹等几幅图案。正殿蚕皇殿面阔三间，内除供奉嫘祖外，还祭祀黄帝和炎帝。正殿内中间神龛上悬巨匾，上书“人文始祖”。

先蚕祠西路建筑前三进为新建厅堂式院落，现作为吴江丝绸陈列馆。第三进之后为复建庭园，其中三曲梁式挹翠桥为原石重建。第四进为议事厅，是丝业公所议事之场所。

昇明桥

昇明桥位于盛泽镇舜湖东路南面，跨东白漾口，是一座始建于明代的三孔石拱桥。该桥形制高大，三孔映于水面，合成三个硕大的圆环，极具诗情画意。

昇明桥始建于明崇祯十四年（1641），清雍正九年（1731）重建。桥南北走向，三孔拱型结构，金刚墙用太湖石，拱券用武康石，以纵联分节并列法砌筑。桥总长约 47 米，顶宽约 4.2 米，堍宽约 5.4 米，中孔跨径约 10.7 米，矢高约 5.4

昇明桥

米。桥系石雕刻如意纹饰，造型优美。桥铭石上刻有“昇明桥”，左右各刻有“大明崇祯”和“大清雍正”修建的题刻。桥面部分桥栏有雕刻纹饰，顶部设置带靠背的桥栏和轮回纹桥心石。

济东会馆

清代盛泽商会林立，沈云《盛泽竹枝词》中就有一首《会馆多》来形容这一景象：“栋宇沉沉会馆多，承平商货万千罗。”但经过历史的沧桑，社会的变革，如今保留下来的较为完整的会馆，只有位于斜桥街朱家弄旁的济东会馆。该会馆系清代山东济南府人所建丝绸会馆，原规模较大，咸丰年间遭到破坏，1923年重修，二十世纪八九十年代又进行部分修缮，现存栅门门柱、门楼、前戏台台座和正厅三进院落。

会馆门外临市河，门楼外有四根栅门立柱，柱头各雕饰一只石狮，正门门匾有“济东会馆”四个大字。门额左右兜肚和下枋均有砖雕，下枋为文王访贤和草龙图案，左右兜肚疑为三国或水浒故事。

进入正门为前厅，前厅原为茶厅，布置简洁，前后皆落地长窗，现辟为阅读空间。前厅后为一天井，天井东、西两侧各有一门，均有门额，东为“瀛洲”，西为“阆苑”。前厅和正厅通过回廊相连，天井中央有一台基，原为一戏台。回廊西墙内镶嵌一碑，为1924年的《重修济东会馆记》石碑。正厅原为议事厅，装饰华丽，梁枋间遍雕龙凤、仙鹤、花卉，并施彩绘，如今被作为社区的图书室。

济东会馆

先蚕祠雕花门楼

嫘祖养蚕

舜传大禹

尧帝访舜

后稷稼穑

昇明桥和远处的盛泽新城区

黎里古镇

古镇 · 水乡古镇

长廊三里覆，无须垫角巾。

黎里古镇位于吴江南部，东临上海、西濒太湖、南接浙江，地处江浙沪三角腹地，地理位置优越，是一座历史悠久的古镇。境内河道纵横，湖荡密布，大运河和太浦河从镇西和镇北流过。一条被誉为“黎川三里”的市河穿镇而过，数座古桥横跨其上，两侧的民居延展出的屋檐形成“长廊三里覆”的特别景象。

黎里曾名梨花村，又名禊湖，唐时黎里为村落，后因赵宋南渡，人口激增，形成集市，明代弘治年间升格为吴江巨镇，居民千百家，有“周、陈、李、蒯、汝、陆、徐、蔡”八大姓在此定居发展。

黎里古镇保存完好，文物古迹众多，其中最具特色的是沿河的驳岸和桥梁，还有著名爱国民主人士柳亚子的旧居，以及祭祀工部尚书周元理的周宫傅祠等。

河道与驳岸鸟瞰

驳岸和古桥

黎里古镇的“丁”字形市河长约 1.9 千米，建于明清时期的古驳岸 3.8 千米左右，有河埠头 256 座，形式多种多样，有单落水，有双落水，还有淌水式。缆船石是黎里的一大特色。在驳岸和河埠上，分布着 254 块缆船石，也称系船石，大部分雕有纹饰，诸如如意、象鼻、笔锭、犀角、蕉叶、葫芦、蝙蝠、双桃、暗八仙等。

黎里市河上横跨有 9 座古桥，自东向西分别为青龙桥、迎祥桥、梯云桥、进登桥、大陵桥、清风桥，向南有接桂桥，向北有望恩桥和秋禊桥。

河道和驳岸（游尘凡心　拍摄）

小船和系船石

柳亚子旧居

柳亚子旧居，本是清乾隆朝工部尚书周元理之私邸，著名爱国民主人士柳亚子于 1922—1927 年寓居于此，现辟为柳亚子纪念馆。旧居坐北朝南，前临市河，共五进，纵深达百米。

柳亚子像

柳亚子（1887—1958），吴江芦墟人，原名慰高，字安如，后更名弃疾，字亚子。1906 年参加同盟会，1909 年与陈去病等创立南社。南社是中国近代史上第一个大规模革命文化团体，以研究文学、提倡气节为宗旨，弘扬爱国精神，光大中华民族传统文化，时有“文有南社，武有黄埔”之盛誉。

旧居临街面河，有门厅、轿厅、正厅、前楼、后楼、下房六进房屋。正厅名“赐福堂”，现以“峥嵘岁月”为题，陈列了大量图片、资料和实物，展示了柳亚子波澜壮阔的一生。前楼为起居处，楼上西面第一间曾是柳亚子夫妇的卧室。后楼为藏书处，2009 年，值南社成立一百周年之际，这里被辟为“吴江南社纪念室”。楼下东面第一间当年为柳亚子的书房“磨剑室”，柳亚子的诗词集和文集都是以此室命名的。

赐福堂

“诒谋燕翼”字样

砖雕门楼

Tips：

- 黎里古镇免费游览，但景区内周宫傅祠、端本堂等景点收费开放。

周宫傅祠

周宫傅祠，原是为祭祀清乾隆朝工部尚书周元理而建的专祠，后来兼作周氏宗祠和义学，晚清到民国时期还作为祭孔场所。周宫傅祠作为三祭合一的空间，实属罕见。

周元理（1706—1782），字秉中。浙江仁和（今杭州）人，九岁时父亲去世，母亲带他来黎里的舅舅家读书，19岁得中秀才，乾隆三年（1738）中举，后历仕山东巡抚、直隶总督等职，其间疏浚天津永定河、子牙河，修筑津门五闸，乾隆四十五年（1780）晋升工部尚书。乾隆皇帝非常倚重周元理，先赐"太子少保"，后赐"太子少傅"，太子别称青宫，因此黎里百姓尊称周元理为周宫傅。周元理古稀之年请求辞官返乡，乾隆皇帝觉得周元理为官兢兢业业，是不可多得的好官，挽留了他。六年后周元理再次请辞，获准，返乡后三月余便病逝。乾隆皇帝得知后十分哀恸，口授上谕并拟写祭文，周氏家族将其镌刻上石，并建碑亭予以保护，该碑亭现存于祠内。

祠堂前后六进，前三进是祭祀周元理的专祠，第四进是周家祭祀列祖列宗的场所。五、六两进为周氏义学，晚清及民国时期，黎里民众的祭孔仪式也在此举行。

周宫傅祠鸟瞰

古镇摇橹船

同里古镇

古镇·水乡古镇

运河之畔，五湖之洲；
雨巷深深，吴歌轻奏。

同里古镇位于吴江东北部，东连昆山市周庄镇，北邻吴中车坊镇，南接芦墟镇，西靠松陵镇，距离苏州 18 千米。同里水系发达，同里湖、叶泽湖、南星湖，大运河、吴淞江等环绕其间。不仅地理位置优越，同里还是一座具有上千年历史的古镇，众多文人雅士曾驻足于此，留下了诸如“扁舟卧听三更雨，一苇难航九里湖”等诗句。

同里因物产丰富而旧名富土，唐初更名铜里。宋代正式建镇于九里河九里村，并将“富土”二字相叠，去掉一点拆分为“同里”。元明时期镇址由九里村南迁于今址。

同里古镇鸟瞰

古镇内园林、寺观、宅第和名人故居众多，“川”字形的十多条小河把古镇分隔成七个“岛屿”，这些“岛屿”通过四十多座古桥连为一体，组成一幅精美的画面，将“小桥、流水、人家”的江南水乡表现得淋漓尽致。优越的自然环境、深厚的历史积淀孕育了同里灿烂的文化。据统计，北宋到清末同里先后出了状元1名，进士45名，举人近百名，还有各个领域知名人士，如南宋著名诗人叶茵，明代造园大师计成，近代辛亥革命风云人物陈去病，等等。

古镇内有退思园、耕乐堂、崇本堂、嘉荫堂、陈去病故居等园林和宅邸，还有众多古桥，其中最为有名的是被称为“同里三桥”的太平桥、吉利桥、长庆桥。此外，在古镇外向西1000米左右的辽浜村还有一座保存完好的宋代石拱桥思本桥，是吴江地区最古老的一座桥梁。

退思园

退思园是清光绪年间由辞官返乡的任兰生请同里画家袁龙设计的一处私家园林。

退思园园名取《左传》中“进思尽忠，退思补过”之意，该园的特点是布局因地制宜，呈自西向东横向，西部为住宅区，东部为园林区，两区之间设置月洞门相通。

住宅区分为外宅和内宅两部分，西边外宅三进，由轿厅（门厅）、茶厅、花厅组成。东边内宅建有南北相对的两座“畹芗楼”，两楼之间由东西双层廊贯通，构成一个整体，俗称走马堂楼。

退思园（行走山水间　拍摄）

耕乐堂

园林区分为中庭和宅园两部分，西为中庭，与内宅相通；东为宅园，是退思园的核心区域。中庭的建筑以庭院中的船厅为主，是一座船形样式的厅堂。船厅周围为卵石铺垫的地面，好比卵石为海，船厅则为一艘乘风破浪的船只。从中庭穿过月洞门而入宅园，前方是一池宽阔水面，亭台楼榭错落有致地布置在水面四周。

退思园建筑布局紧凑，可分可合，分者各成院落，合者浑然一体。中国著名古建筑学家、园林艺术学家陈从周教授概括为“江南华厦，水乡名园”“具贴水园之特例”，在江南园林中独居一格。

耕乐堂

耕乐堂始建于明代，前宅后园布局。其规模虽不大，但宅与园组合紧凑自然，园景因地制宜，袖珍山水园林毫无局促之感，具有一定的艺术价值。

耕乐堂原为明代处士朱祥之宅邸，因主人号耕乐，故宅第堂名耕乐堂。宅邸建成之后数易其主，目前建筑主要是清代重建。

耕乐堂建筑群前面临河，坐西朝东，前宅后园，由两路三进组成。宅园主体建筑以鸳鸯厅为中心，分为南北两大区域。鸳鸯厅贴水而建，面池皆为落地长窗。厅内的一副对联“玉荷含秀映一池鸳鸯水；金桂飘香播千家耕乐园”，生动描绘了耕乐堂宅园的风景。

北部区域以池为中心，池西为峭壁黄石假山，为《园冶·掇山》中“以粉壁为纸，以石为绘”之法砌筑。南部区域为一个庭院，庭院内假山错落有致，花木扶疏。三友亭飞檐翘角，立在庭院南边。透过亭中漏窗可见岁寒三友——松、竹、梅。

同里三桥

同里三桥是指镇内三座紧邻的石桥，位于三岔市河上，太平桥在西，吉利桥在南，长庆桥在东。

太平桥为梁式桥，桥孔是方形的。桥栏上有孙悟空手拿仙桃和大闹天宫的图案，十分生动。吉利桥为石拱桥，形为半月，桥孔是圆形。桥栏上雕着八仙过海图案，桥两面还有花岗石凿刻的楹联，南侧楹联为“浅渚波光云影，小桥流水江村”，北侧楹联为“吉利桥横形半月，太平梁峙映双虹”。长庆桥为石拱桥，桥孔呈圆形。桥上有桥联一副：“公解囊金成利济，好留柱石待标题。”

当地流传有“走三桥”的民俗。传说走三桥可以避灾求福，每逢婚嫁喜庆，同里人便会“走三桥”。在欢快的鼓乐和鞭炮声中，喜气洋洋地绕行三桥，口中长长念一声“太平吉利长庆”，讨个好口彩。

思本桥

思本桥位于同里古镇西 1000 米左右的辽浜村，是一座建于南宋的单孔石拱桥。该桥造型别致古朴，独具一格，距今虽 700 余年，仍然完好地跨于乔港之上。

据清嘉庆年间的《同里志》记载，思本桥建造于南宋宝祐年间，建造者为同里籍诗人叶茵。叶茵，字景文，著有《顺适堂诗稿》，编有《甫里集》二十集。叶茵在崇文好诗的同时乐于善举，曾为里中修建多座桥梁，思本桥即是其中之一。

桥东西向，长约 22 米，中宽约 1.8 米，桥孔高度为 4.5 米，桥跨度为 9 米，矢高 4.5 米，武康石材质。拱券以分节并列法砌筑，桥南北侧压券石有乳钉等纹饰。

思本桥还有一个名称叫“对月桥”，因其拱券是圆形的，水面倒影桥洞就像一轮满月，故名。

思本桥

Tips：

- 同里古镇区域收费，下午五点后免费进入，但进入退思园等园林需要验票。

苏州宋元、明清石拱桥的特点

石质

宋元时期江南桥梁多采用武康石，明清逐步采用太湖石和花岗岩。石质是判断一座桥梁年代的重要因素。

思本桥—武康石

昇明桥—太湖石

安德桥—花岗岩

结构

宋元时期拱桥多采用分节并列砌筑拱券，明朝中期后逐渐采用纵联分节并列。另外，宋元时期的拱桥多无桥心石和龙门石。

思本桥—分节并列砌筑

安民桥—纵联分节并列

细节

宋元时期的古桥在梁、望柱、长系石等处多采用花卉雕刻，压券石装饰乳钉纹。明清时期多设置桥联。

思本桥—乳钉纹

概　述

本线路适合自驾游，花费两天时间体会吴江比较原生态的古镇。

第一天先到达四水汇集的平望古镇，重点看安德桥和安民桥两座古桥和司前街。下午在震泽古镇走访禹迹桥、慈云寺塔和师俭堂，师俭堂值得细细品味，晚上可以住在震泽，傍晚的景色十分优美。

第二天先到盛泽走访先蚕祠和昇明桥，还可以看看附近的济东会馆等，中午在盛泽吃个饭，一定要尝尝当地烧卖。黎里非常值得慢慢地品味一个下午，除了柳亚子故居之外，市河的驳岸、码头、古桥和系船石都值得仔细欣赏。

如果想去同里古镇的话，鉴于离以上古镇较远，可单独安排一天的行程。

注　意

① 平望古镇主打以两座古桥为核心的运河文化公园，周边的食住行都十分方便。

② 盛泽去黎里的路上，如果有兴趣还可以顺道看看浙江嘉兴的大运河上的长虹桥，再到黎里。

③ 黎里古镇现已开发成一个景区，但又保持了较好的原生态，文化活动丰富，也不是那么拥挤，是适合游览休憩的古镇。

游径
运河古镇自驾游

后记

大运河国家文化公园是国家重点建设的五大国家文化公园之一。自华古团队开启“寻迹华夏”系列书籍的创作以来，大运河就一直是我们关注的选题重点。2023 年初，我们与江苏凤凰科学技术出版社中国运河出版中心就合作运河类图书进行了探讨，达成了出版“寻迹大运河”系列丛书的初步意向，计划以大运河江苏段的沿线城市为主题，以运河河道及相关文物为内容，面向文旅爱好者编写一套大运河文化遗产普及读物，并以《寻迹大运河·苏州》作为该系列的第一本。

组织编写团队时，我第一时间就联系了华古苏州团队的云雁老师，希望由他来主笔。不巧的是，当时云雁老师有两本书稿在编，分身乏术，而团队也还有其他书籍的编写任务，于是我决定自己顶上，为该系列丛书开个头。

2023 到 2024 的一年时间内，在“华夏古迹图”文物古迹大数据平台的帮助下，我到大运河苏州段进行了 11 次实地走访，短则 2 ～ 3 天，长则 4 ～ 5 天，足迹遍及苏州运河全段。通过实地调查和资料查阅，我对大运河与苏州有了进一步的理解和认识。最终，这些走访调查内容被划分为 7 个主题，即书中的 7 个章节来展现“河绕城转，城因河兴”的苏州运河历史文化。

本书主要由我和杨彩撰文，她负责每章的概述，我负责其余部分。杨彩是“寻迹华夏”系列丛书的主要策划人，她曾在苏州学习生活多年，对苏州的历史人文都有较为深刻的理解。另外，章首的 7 幅精美插画由好友画家吕晨芳绘制，书中照片主要由我实地拍摄，同时还征集了华古平台上苏台栖乌、行走山水间、游尘凡心等几位好友的照片。在走访拍摄过程中，我们得到了江苏省文化和旅游厅、苏州市虎丘山风景名胜区管理处和华古苏州团队顾晖老师的大力支持，得以进入虎丘云岩寺塔内部等地拍摄。成稿后，华古团队成员卞润梓、刘绍鎏、马力、毛光宇、向立林、熊伟、诸雄巍几位老师对内容进行了认真仔细的校对。在此我向以上单位和个人表示衷心的感谢！

此外，在本书的出版过程中，江苏凤凰科学技术出版社的编校团队提出了很多专业且有见地的建议，对图书的审校过程也给予严格的把关。另外，美编老师的专业设计排版也让本书的品质更上一层楼。

最后，希望后续的“寻迹大运河”系列丛书能够尽快面世，为大运河江苏段留下珍贵的“影像志”，也为读者们提供一套按图索“迹”、精致实用的大运河导览手册。读者们在阅读本书时，可配合“华夏古迹图”小程序，去寻迹自己心中的苏州运河美丽画卷。

囿于学识与视野，书中的缺点与讹误恐在所难免，敬请专家学者及广大读者不吝批评指正。

邵世海

2025 年 3 月

华夏古迹图小程序

华古平台公众号

邵世海的访古空间